장애학생의 고등교육지원에 대한 대학구성원의 인식

장애학생의 고등교육지원에 대한 대학구성원의 인식

이준석, 석말숙, 유재연,
육주혜, 조재훈 共著

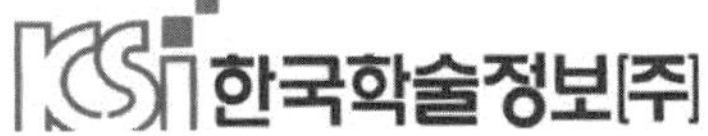

한국학술정보[주]

책머리에

최근에 정부는 장애인의 일자리를 10만 개 창출하겠다는 계획을 발표하였습니다. 이는 장애인들에게 매우 희망적인 선언이라고 할 수 있을 것입니다. 그러나 이를 바라보는 시선이 모두 다 긍정적인 것은 아닌 것 같습니다. 우선 정부 당국 내에서 조차 의견의 차이가 있어 보입니다. 보건복지부와 노동부의 알력 혹은 견해의 차이가 그것입니다. 정부 부처 간의 문제만이 아니라, 정작 혜택의 당사자가 될 수 있는 장애인들조차 정부의 이런 의지를 그대로 믿지는 않는 것 같습니다. 오히려 선거와 관련한 표를 의식한 생색에 불과하다는 것이 여러 매체를 통하여 전달되는 그들의 목소리인 것 같습니다.

장애인의 일자리와 관련하여 또 다른 측면에서 고려해 볼 것은 그들의 직업에 대한 질적인 측면입니다. 양적으로 10만 개를 만든다는 것은 어찌 보면 정부의 의지에 힘입어 가능할 수도 있을 것입니다. 더욱 중요한 것은 어떤 수준의 일자리를 만드느냐 하는 것입니다. 일회용 혹은 비정규직의 일자리를 한시적으로 창출하는 것은 오히려 희망이라는 풍선을 부풀렸다가 슬그머니 바람을 빼버리는 것과 같을 것입니다. 목표는 거창하지만 실천할 능력과 의지가 결여된다면 원하지 않았더라도 그것은 정부가 장애인을 우롱한 것으로 비판받기가 쉬울 것입니다.

같은 입장에서 장애인의 고등 교육에 대하여 생각해 볼 수 있을 것입니다. 최근에 초중등 교육에서 통합교육이 매우 활성화되고 있는 것이 사실입니다. 양적으로 과거에 비하여 상당한 수준으로 장애인의 통합교육에 대한 인식이나 실제적 지원이 증가하고 있는 추세라고 할 수 있을 것입니다. 이에 따라 질적으로 우수한 실천 사례들도 속속 발표되고 있고, 또 이를 모범으로 삼으려는 노력들도 증가하고 있습니다. 모두 바람직한 현상이라고 할 수 있습니다. 정부가 실천하고자 하는 국가의 장밋빛 미래가 특수교육을 통해서 앞당겨지는 느낌이라고도 할 수 있을 것입니다.

이의 연장선상에서 각 대학은 나름의 학교 특성화와 입학생을 확보하기 위한 전략으로 장애인에게 특별전형 혹은 기타의 방법으로 입학을 허용하고 있습니다. 이에 따라 비록 초중등만큼은 아니지만 대학에 진학하는 장애인의 수도 과거에 비하여 크게 증가하고 있는 추세라고 할 수 있습니다. 그러나 장애인의 대학 진학률이 그대로 이들의 삶에 대한 질을 한 단계 높여준다고 하는 보장은 그다지 많지 않은 것 같습니다.

비록 장애 대학생에 대한 관심이 최근에 시작된 것이라는 점을 감안하더라도 대학마다 나름의 이유에 근거하여 장애학생을 입학시킨 후에 이들에 대한 적절한 행정적 지원과 장기적인 추수 지도(예를 들면 이들에 대한 취업에 대한 대책 등)를 마련하지 않는다면, 이는 정부가 표를 의식하여 장밋빛 공약(空約)을 남발한 것과 다르지 않은 처사라고 할 수 있을 것입니다.

특별히 일부 대학에서 재활과 복지 분야에서 특성화를 명분으로 국가로부터 나름으로 다양한 지원을 받거나, 혹은 지방대학의 열악한 학생 충원을 보상하기 위한 방안으로 최근에 인기를 끌고 있는 특수교육과가 여러 대학에서 신설되는 것을 고려할 때, 이들 대학들은 다른 대학들에 비하여 훨씬 더 현실적이고 실제적인 장애인 고등교육기관으로서의 의무를 다해야 한다고 할 수 있을 것입니다.

최근 나사렛대학교는 다른 많은 사립 대학교에 비하여 장애인을 위한 교육과 복지 분야에서 괄목할 만한 성장과 주목을 함께 받기 시작하였습니다. 전국에서 가장 많은 수의 장애학생들의 입학을 허용하였기 때문이라고 할 수 있을 것입니다. 양적으로 장애학생의 입학에 대한 기회를 확장하였을 뿐만 아니라, 교육인적자원부의 대학장애학생교육복지지원 평가에서 2003년, 2005년 2회 연속 전국 1위를 차지하였으며, 정부주도의 지방대학 혁신역량 강화사업인 누리(NURI) 사업에서도 해당 분야에서 최우수의 평가를 받은 것에서 질적으로도 이 분야에서 나름의 노력을 경주하고 있음을 알 수 있습니다.

　그러나 이에 대하여 다른 비판들도 존재합니다. 예상되는 부족한 입학 대상 학생의 충원율을 확보하기 위하여 장애학생들의 입학을 남용한다는 것입니다. 이러한 일부의 주장은 대학의 장애인 고등 교육에 대한 그럴듯한 미사여구로 장식될 수 있는 몇 마디 창학이념 등과는 관계없이 실제적으로 얼마나 성심껏 장애인 교육에 대한 행정적 지원을 하고 있는지에 따라서 달리 평가될 수 있을 것입니다. 나사렛대학교는 이러한 우려의 중심에서 어떻게 성실하게 장애학생의 고등 교육을 지속할 것인가에 대한 진지한 모색을 간구해야 할 의무가 있다고 할 수 있을 것입니다. 그리고 이러한 고민은 나사렛대학교와 유사한 위치에 있는 다른 대학들도 동일한 수준에서 심각하게 받아들여야 할 필요가 있다고 할 수 있을 것입니다.

　바닷물이 짠 이유는 소금을 만들어 내는 맷돌이 아직도 끊임없이 바다 속에서 소금을 만들어 내기 때문이라는 동화가 있습니다. 장애인의 고등교육이 성공적으로 이루어지기 위해서는 쉬지 않고 돌아가는 바다 속의 맷돌처럼 장애학생의 고등교육을 위한 대학의 지원 체계가 끊임없이 지속될 때 가능하다고 할 수 있을 것입니다.

　이러한 관점에서 나사렛대학교를 중심으로 한 장애학생 고등교육에 대한 지원 체계 구축을 위한 이번 기초 연구는 장애학생의 고등교육에 관심을 기울이고 있는 다른 많은 사람들에게 도움이 될 수 있을 것이라고 생각합니다. 여러 교수들의 글이 전체적으로 통일되지 못한 면들이 있지만 오히려 각각의 개성으로 인정해 준다면, 게으름에서 온 핑계에 다소나마 위안을 받을 수 있을 것 같습니다. 연구에 협조해준 대학 구성원들과, 현실적으로 금전과 무관할 수 있는 이런 분야의 책을 내주신 출판사에 거듭 감사의 말씀을 올립니다.

2007년 2월
저자 일동

이 연구는 나사렛대학교 정책과제로 수행되었으나,
제시된 의견은 나사렛대학교의 공식적인 견해가 아님을 밝혀둡니다.

차   례

I

서 론

지식기반사회가 도래하면서 평생학습이 강조되고 있다. 특히 정보기술의 발달, 산업구조의 변화, 직업의 생성과 소멸 주기의 단축 등은 계속적인 학습을 요구한다. 즉 초·중등교육만으로는 사회의 변화에 적응하기 어렵고 변화를 주도해 나가는 데 한계를 지닐 수밖에 없어 고등교육을 요구하는 학생들이 늘어나고 있다. 지식기반사회의 대두로 인적 자원 개발의 중요성이 더욱 강조되고 있는 이 시대에 장애인도 비장애인과 같이 고등교육을 받아야 시대의 변화에 제대로 대비할 수 있고, 변화에 쉽게 적응할 수 있게 된다.

1995년부터 시행한 특수교육대상자의 대학입학 특별전형제도는 사회적인 정의와 선을 추구하기 위한 교육에 있어서 적극적인 평등성을 실현하기 위하여 대학에 장애학생이 정원 외로 입학할 수 있도록 규정한 제도이다. 즉 장애학생의 학습권과 교육기회 균등 보장을 위해 마련한 적극적 평등 조치인 것이다. 1999학년도부터는 관련법을 개정하여 특별전형 사정기준을 각 대학에 일임하는 등 장애학생 대학입학 절차가 간소화되어 장애학생들이 고등교육을 받을 기회가 더욱 확대되고 있다. 지난 2004학년도 현재 72개 대학에 424명으로 늘어나고 있으며, 일반전형을 통해 대학에 입학한 장애학생들도 상당수에 이르는 것으로 추정되고 있다. 나사렛대학교의 경우에도 현재 재학 중인 특수교육대상자가 2006년 4월 현재 239명에 이르고 있다.

그런데, 대학특례입학제도로 인하여 장애학생의 고등교육의 기회가 증가함으로 인해 대학에 장애학생의 수가 해를 거듭할수록 현저하게 늘어나고 있음에 반해, 캠퍼스 내에 있는 장애학생들은 적절한 교육서비스와 대학생활에 따른 각종 지원을 제대로 받지 못하고 있는 실정이다. 그리하여 많은 수의 장애학생들이 대학생활을 하는 데 있어 실제적인 여러 가지 적응상의 어려움을 갖고 있다. 예를 들면, 학습에 어려움을 갖는 경우가 많고, 대인관계 및 적응상의 어려움, 또한 갑작스럽게 경험하게 되는 자유와 자율로 인한 부담감 등의 이유로 중도에 학교를 그만두는 경우도 많다.

실제로 대학 내에 장애학생들을 수용할 환경과 교육적 지원, 프로그램이 준비되지 않아서 실질적으로 동등한 교육은 물론, 직업준비교육, 적절한 직업관 및 직업적 소양 등이 제공되지 못하고 있으며, 각 장애와 특성 그리고 각 장애학생의 조건에 따른 세심한 진로교육이 부족하여 성공적인 취업생활로 연결되지 못하는 실정이다. 입학에서 학업수행, 학교생활 적응 및 진로지도를 아우르는 체계적 지원이 부족하여 대학교육과 직업선택을 장기적인 관점에서 보고 준비할 수 없다는 것이다.

대학은 지식의 전문화와 심화, 문화적 유산 또는 학문적 유산의 보존·발굴·계승·창조를 위한 활동을 해야 하며, 지적 활동의 전달·계승을 위한 활동과 지적 이해를 돕기 위한 활동을 해야 하고, 사회에 참여하여 문제를 해결하는 활동을 해야 한다. 이러한 대학의 본질적인 기능은 비록 장애학생의 고등교육을 위해 그 체제를 개방한다고 하더라도 결코 포기해서는 안 되는 일이며, 이런 기능의 보전을 위해서라도 장애학생에 대해 지원을 확대하지 않으면 안 된다.

대학은 장애인 편의시설의 확충은 물론, 장애학생을 위한 다양한 교육 프로그램과 지원방법의 개발, 장애학생 지원업무 담당부서의 설치와 지원업무 담당인력의 배치, 장애학생의 진로개척 지원 등 다양한 장애학생 지원 대책을 마련하여 장애학생의 지식의 전문화와 심화 및 이들의 사회 참여를 보장해야 그 본질적인 기능을 제대로 수행한다고 인정받을 수 있다. 그렇지 않고 대학이 비장애학생만을 대상으로 기능을 수행할 때는 장애학생에 대해 차별을 유발 내지 초래하는 대상으로 비판을 받을 수 있다.

다행스럽게도 이미 나사렛대학교에서는 여러 가지 형태의 연구를 통해 장애학생에 대한 심화된 연구결과를 구축하고 있으며, 점자음성전자 교육정보센터의 설립 및 운영을 통해 다양한 지원을 제공하고 있고, 이런 장애학생 지원 및 교육과정에 대한 평가 실태조사 등에서도 좋은 평가를 받고 있다.

그러나 현실적으로 증가하고 있는 장애학생에 대한 기초적인 자료들이 제대로 종합되지 못한 채로 산재되어 있어 장애학생 지원체계 구축을 어렵게 하고 있다. 그래서 나사렛대학교에 재학 중인 장애학생을 대상으로 실태 조사 및 개별 면담을 통해 장애학생 지원체계 구축을 위한 기초적인 자료를 구축할 필요성이 제기되었다.

장애학생에 대한 지원체계 구축을 위해서는 먼저 장애학생의 대학생활에 대한 전반적인 이해가 우선시되어야 할 것이다. 뿐만 아니라 장애학생의 대학차원에서 성공적인 통합을 위해 중요한 환경요소는 장애학생들과 함께 생활하는 비장애학생, 교수 및 직원들의 인식과 태도라고 할 수 있을 것이다. 그러나 장애학생의 고등교육 지원을 위한 대학구성원들의 인식과 태도에 관한 연구는 거의 전무한 실정이다. 따라서 본 연구에서는 장애학생의 대학생활 적응 정도와 취업지원 실태 및 욕구, 비장애학생들의 장애학생에 대한 인식과 요구, 교수와 직원들의 장애인식과 장애학생의 효과적인 지도관리를 위해 필요한 지원 등을 모두 검토하여 장애학생의 고등교육을 위한 지원체계의 밑그림을 마련하고자 하였다.

Ⅱ

장애학생의 고등교육지원에 대한 대학구성원의 인식

1. 장애인의 고등교육 현황

1) 장애인의 전반적 고등교육 현황

(1) 교육수준

재가장애인들의 교육수준을 학교를 졸업했거나 재학 중인 최종학교 중심으로 분석하였을 때 전체적으로 초등학교가 30.1%, 중학교 14.2%, 고등학교 24.1%, 무학 21.5%인 것으로 나타났다. 이것은 우리나라 전체 국민의 교육수준이 초등학교 26.6%, 중학교 15.7%, 고등학교 38%, 대학교 이상 19.7%와 비교할 때 장애인의 교육수순이 크게 낮음을 알 수 있다(변용찬 외, 2001). 한편 장애인근로자의 교육수준은 재가장애인보다 무학률이 낮고 중학교 이상의 학력은 더 높게 나타났다(장창엽 외, 2001). 그리고 장애인근로자의 교육수준은 전체 국민보다 무학률은 많지만 초등학교 이상의 학력은 그다지 큰 차이가 없었다(육주혜, 김언아, 2001).

〈표 Ⅱ-1-1〉 재가장애인의 교육정도(2000년 기준)

(단위: %)

교육정도	지체 장애	뇌병변 장애	시각 장애	청각 장애	언어 장애	정신 지체	발달 (자폐)	정신 장애	신장 장애	심장 장애	전 체
미취학	0.3	2.6	.8	.6	3.6	8.4	31.8	−	−	2.0	1.7
무 학	16.5	29.3	25.2	38.7	26.8	18.0	1.8	6.5	1.7	16.6	21.5
초등학교	30.3	32.1	28.4	26.9	29.5	35.7	28.2	18.3	30.1	37.0	30.1
중학교	14.6	11.5	12.8	10.6	15.0	17.2	20.3	23.6	16.9	18.1	14.2
고등학교	28.7	16.1	23.2	17.0	23.6	20.7	17.9	36.7	33.1	19.7	24.1
전문대	2.4	1.9	2.1	0.8	−	−	−	1.2	7.3	0.9	1.9
대 학	6.4	5.5	7.0	5.1	1.5	−	−	13.3	5.2	5.7	5.8
대학원	1.0	1.0	0.6	0.4	−	−	−	0.4	5.8	−	0.8
계	100.0	100.0	100.0	100.0	100.0	100.0	100.0	100.0	100.0	100.0	100.0

출처: 변용찬 외(2001, p.141) 2000년도 장애인 실태조사. 한국보건사회연구원.

〈표 Ⅱ-1-2〉 5인 이상 사업체 장애인근로자의 교육정도(2000년 기준)

(단위: %)

교육수준별	300인 이상	300인 미만				전 체
		보조금	장려금	일 반	소 계	
무 학	0.9	3.9	5.0	5.8	5.7	4.7
초등졸	8.0	11.5	12.8	11.6	11.7	11.0
중 졸	17.3	21.1	19.3	20.9	20.8	20.1
고 졸	47.7	44.6	42.8	40.1	40.4	41.9
특수학교	1.9	10.0	9.8	2.9	3.6	3.2
전문대	7.4	4.2	4.2	10.5	9.9	9.4
대학교	12.6	3.9	5.4	7.6	7.3	8.4
대학원이상	4.2	0.9	0.9	0.6	0.6	1.3
계	100.0	100.0	100.0	100.0	100.0	100.0

출처: 장창엽 외(2001, p.121) 2000년 장애인근로자 실태조사. 한국장애인고용촉진공단 고용개발원.

(2) 대학 재학 장애학생 실태

　전국의 국공립 사립 대학교와 전문대학 158개교에 2,600명의 장애학생 자료를 분석한 결과 남자 1,020명, 여자 526명이었고 연령대는 20세-25세가 1,405명으로 가장 많았다(한국장애인고용촉진공단, 2003). 장애유형은 지체장애가 1,573명으로 전체의 60.5%를 차지하였다. 장애등급은 2급이 10.7%, 3급이 9.7%, 1급이 8.3% 순이었다. 입학유형은 특별전형이 52.7%로 가장 많았다.

〈표 Ⅱ-1-3〉 대학 재학 장애학생 실태(2003년 기준)

구　분		빈도(명)	백분율(%)
성　별	남　자	1,020	39.2
	여　자	526	20.2
연령대	20세미만	278	10.7
	20-25세	1,405	54.0
	26-29세	185	7.1
	30-35세	111	4.3
	36-39세	45	1.7
	40세 이상	53	2.0
장애유형	뇌병변장애	106	4.1
	발달장애	14	0.5
	시각장애	352	13.5
	신장장애	22	0.8
	심장장애	1	0.0
	언어장애	27	1.0
	정신장애	9	0.3
	정신지체	28	1.1
	지체장애	1,573	60.5
	청각장애	334	12.8

구 분		빈도(명)	백분율(%)
장애등급	1급	216	8.3
	2급	277	10.7
	3급	252	9.7
	4급	136	5.2
	5급	129	5.0
	6급	140	5.4
학 년	1학년	596	23.1
	2학년	646	25.0
	3학년	372	14.4
	4학년	376	14.6
입학유형	수시입학	17	0.7
	위탁교육	1	0.0
	일반전형	364	14.0
	특별전형	1,369	52.7
	편입학	16	0.6

출처: 한국장애인고용촉진공단(2003, p.11) 대학 재학 장애인 실태조사 보고서: 기초직업욕구를 중심으로. 고용개발원 상담평가부.

(3) 대학 장애학생 교육복지 우수대학 장애학생 현황

최근에 들어서는 대학에 진학하는 장애인이 늘어나면서 장애인을 고려한 고등교육 환경에 대한 관심이 증대되고 있다. 정부차원의 움직임으로는 교육인적자원부(2006)에서 2006년 3월 23일(목)에 2003년도에 이어 2005년도에 두 번째로 실시한 "대학 장애학생 교육복지 실태평가" 결과를 발표한 것이다. 최우수대학교로 나사렛대학교, 삼육대학교, 신라대학교, 강남대학교, 성균관대학교, 대구대학교, 우석대학교, 서울대학교가 선정되었다.

〈표 Ⅱ-1-4〉 대학 장애학생 교육복지 실태평가 결과 우수대학(2005년)

구 분	규 모	대학명	특별전형입학	유 형	2003년평가
최우수	소규모	나사렛대	특 전	사 립	최우수
		삼육대	특 전	사 립	우 수
	중규모	신라대	특 전	사 립	우 수
		강남대	특 전	사 립	보 통
	대규모	성균관대	특 전	사 립	보 통
		대구대	특 전	사 립	최우수
		우석대	특 전	사 립	보 통
		서울대	특 전	국 립	개선요망
	소 계	8교			
우 수	소규모	한일장신대	특 전	사 립	우 수
		꽃동네현도사회복지대	일 반	사 립	우 수
		한국성서대	일 반	사 립	보 통
		장로회신학대	특 전	사 립	개선요망
	중규모	동명정보대	특 전	사 립	우 수
		서강대	특 전	사 립	우 수
		한림대	특 전	사 립	우 수
		목원대	특 전	사 립	우 수
		단국대(서울)	특 전	사 립	보 통
		숭실대	특 전	사 립	개선요망
		숙명여대	특 전	사 립	개선요망
	대규모	명지대	특 전	사 립	우 수
		천안대	특 전	사 립	우 수
		단국대(천안)	특 전	사 립	우 수
		이화여대	특 전	사 립	보 통
		고려대(서울)	특 전	사 립	보 통
		한양대(서울)	특 전	사 립	보 통
	소 계	17교			
총 계		25교			

출처: 교육인적자원부(2006. 6. 23) 보도자료: "장애인의 교육복지 구현"을 위한 "무장애 (Barrier Free) 대학 캠퍼스 조성" ―대학 장애학생 교육복지 지원 우수대학 사례 발표회 개최. 정책홍보담당관실 특수교육정책과.

본 발표 자료에서는 2006년 2월 28일 현재 대학 장애학생 교육복지 우수 대학의 장애학생 현황을 학교별로 장애등급별 재학생수 통계를 제시하였는데 나사렛대학교 247명, 대구대학교 211명, 강남대학교 76명 등으로 나타났다.

〈표 Ⅱ-1-5〉 대학 장애학생 교육복지 우수대학 장애학생 현황(2006. 2. 18. 현재)

연 번	대학명	장애등급별 재학생수					
		1등급	2등급	3등급	4등급	5등급이하	계
1	강남대	7	18	22	13	16	76
2	고려대(서울)	0	10	12	6	22	50
3	나사렛대	62	102	56	14	13	247
4	단국대(서울, 천안)	6	8	10	7	12	43
5	대구대	56	61	38	18	38	211
6	동명정보대	7	5	3	1	2	18
7	명지대	2	5	7	23	23	60
8	목원대	4	4	2	0	7	17
9	백석대	4	6	3	5	20	38
10	삼육대	8	8	5	5	9	35
11	서강대	5	16	16	0	0	37
12	서울대	9	19	8	0	0	36
13	성균관대	3	3	3	3	1	13
14	숙명여대	3	5	7	2	10	27
15	숭실대	5	4	4	4	17	34
16	신라대	13	6	8	5	0	32
17	우석대	26	11	7	2	4	50
18	이화여대	3	6	2	4	2	17
19	장로회신학대	1	0	1	0	0	2
20	한국성서대	1	1	3	1	2	8
21	한림대	4	1	3	1	4	13
22	한양대(서울)	4	11	7	1	0	23
23	한일장신대	6	10	11	2	5	34

출처: 교육인적자원부(2006. 6. 23) 보도자료: '장애인의 교육복지 구현'을 위한 '무장애 (Barrier Free) 대학 캠퍼스 조성' —대학 장애학생 교육복지 지원 우수대학 사례 발표 회 개최. 정책홍보담당관실 특수교육정책과.

2) 나사렛대학교 장애학생 현황

장애학생이 가장 많으면서 장애학생 복지여건이 가장 높은 것으로 나타난 나사렛대학교의 구체적인 현황을 파악하기 위하여 조사하고 다음과 같은 결과를 도출하였다.

(1) 2005학년도 나사렛대학교 장애학생 현황 조사의 개요

① 조사의 목적

본 조사의 목적은 2005학년도 나사렛대학교 장애재학생 및 장애졸업생의 현황을 파악하기 위한 것이다.

② 조사 대상

나사렛대학교의 점자음성전자교육정보센터에서 파악하고 있는 2005학년도 10월 4일 현재 재학하고 있는 222명, 2월에 졸업한 34명의 장애학생이 조사 대상이었다.

③ 조사의 방법 및 내용

조사의 방법은 나사렛대학교에서 기존에 구축하고 있는 학생 자료를 수집, 분석하였다. 조사의 내용은 2005학년도 장애재학생의 성별, 학년, 장애유형 및 등급, 전공, 입학 전형의 유형, 재학 상태, 학업 성적, 학사경고 횟수를 조사하였다. 또한 2005학년도 2월 장애졸업생의 성별, 장애유형 및 등급, 전공, 입학 전형의 유형, 장학금 수혜 학기의 횟수, 취업여부, 취업자의 직종 및 정규직 여부를 조사하였다.

<표 Ⅱ-1-6> 2005학년도 나사렛대학교 장애학생 현황 조사 내용

구 분	조사 내용
장애재학생	성별, 학년, 장애유형 및 등급, 전공, 입학 전형의 유형, 재학 상태, 학업 성적, 학사경고 횟수
장애졸업생	성별, 장애유형 및 등급, 전공, 입학 전형의 유형, 장학금 수혜 학기의 횟수, 취업여부, 취업자의 직종 및 정규직 여부

④ 조사의 절차 및 자료 분석

조사 절차는 우선 나사렛대학교의 점자음성전자교육정보센터에 2005학년도 10월 4일 현재 재학 또는 2월에 졸업한 장애학생의 명단을 의뢰하였다. 이에 따라 222명의 재학생과 34명의 졸업생 명단을 수집하였다. 그런데 점자음성전자교육정보센터에서는 직접 서비스를 필요로 하는 장애학생들에 대한 정보만을 다루기 때문에 10월 4일 현재 휴학 중인 4명의 학생을 제외한 218명에 대해서만 공식적 자료로 사용하고 있었다. 그러나 본 조사의 목적은 직접 서비스를 목적으로 하지 않고 전체 현황과 추세에 대해 조사하기 위한 것이기 때문에 휴학생 모두를 포함한 재학생 222명과 졸업생 34명의 자료를 분석하였다.

2005학년도 11월 15일 기준 장애재학생 222명에 대한 현황은 나사렛대학교 교무처에, 2005학년도 4월 1일 기준 장애졸업생 34명에 대한 현황은 입시학생처에 의뢰하여 수집하였다. 자료 분석은 SPSS 13.0을 사용하여 빈도와 백분율의 기술적 분석과 문항에 따라 교차분석, t-검증을 하였다.

(2) 2005학년도 나사렛대학교 장애재학생 현황

2005학년도 나사렛대학교 장애재학생의 58.8%는 남학생, 41.2%는 여학생이었다. 장애재학생 222명 중 1학년은 84명, 2학년은 53명, 3학년은 59명, 4학년은 26명으로 해가 거듭할수록 장애학생의 수가 눈에 띄게 증가하였음을 알 수 있다.

<표 Ⅱ-1-7> 2005학년도 나사렛대학교 장애재학생의 성별

성 별	빈도(명)	백분율(%)
남 자	120	58.8
여 자	84	41.2
합 계	204	100.0

<표 Ⅱ-1-8> 2005학년도 나사렛대학교 장애재학생의 학년

학 년	빈도(명)	백분율(%)
1	84	37.8
2	53	23.9
3	59	26.6
4	26	11.7
합 계	222	100.0

장애재학생의 장애유형은 전체적으로 지체장애(29.7%)와 청각장애(26.1%), 시각장애(18.9%) 순으로 가장 많았다. 장애등급은 1, 2, 3급이 88.2%로 대부분이 중증장애학생인 것으로 나타났다. 세부적으로 보면 청각장애 2급 학생(48명, 21.6%)이 가장 많고 그 다음이 시각장애 1급 학생(28명, 12.6%), 지체장애 1급 학생(23명, 10.4%)이었다. 따라서 나사렛대학교 장애학생에 대한 서비스는 대다수의 중증장애학생을 위한 집중적인 서비스 방안이 시급함을 시사하고 있다.

<표 Ⅱ-1-9> 2005학년도 나사렛대학교 장애재학생의 장애유형 및 등급

(단위: 명, %)

등급 \ 유형	뇌병변	시각장애	지체장애	청각장애	특정학습장애	합 계
1	9	28	23	0	2	62
	4.1	12.6	10.4	0.0	0.9	27.9
2	12	2	16	48	14	92
	5.4	0.9	7.2	21.6	6.3	41.4

등급 \ 유형	뇌병변	시각장애	지체장애	청각장애	특정학습장애	합 계
3	2	2	16	7	15	42
	0.9	0.9	7.2	3.2	6.8	18.9
4	1	2	5	3	0	11
	0.5	0.9	2.3	1.4	0.0	5.0
5	1	6	4	0	0	11
	0.5	2.7	1.8	0.0	0.0	5.0
6	0	2	2	0	0	4
	0.0	0.9	0.9	0.0	0.0	1.8
합 계	25	42	66	58	31	222
	11.3	18.9	29.7	26.1	14.0	100.0

　2005학년도 나사렛대학교 장애재학생은 25개 전공에 광범위하게 분포되어 있었다. 이 중 인간재활학 전공에 26.6%, 사회복지학 전공에 24.3%의 장애학생이 집중되어 있고 기타 전공에는 각 5% 이하의 학생 비율을 보이고 있었다. 따라서 장애학생이 집중되어 있는 전공과 소수의 장애학생이 소속되어 있는 전공에 따라 장애학생에 대한 서비스나 지원의 차별화 전략이 필요할 것이다.

〈표 Ⅱ-1-10〉 2005학년도 나사렛대학교 장애재학생의 전공

전 공	빈도(명)	백분율(%)	전 공	빈도(명)	백분율(%)
경영정보학	1	0.5	인간재활학	59	26.6
경영학	1	0.5	인터넷정보학	11	5.0
관현악	2	0.9	작곡	1	0.5
기독교교육학	6	2.7	재활공학	3	1.4
미디어영어지도	3	1.4	재활학부	1	0.5
사회복지학	54	24.3	전산정보학	9	4.1
수화통역학	1	0.5	정보통신학	6	2.7
신 학	14	6.3	치료특수교육	2	0.9
아동학	2	0.9	태권도선교학	2	0.9

전 공	빈도(명)	백분율(%)	전 공	빈도(명)	백분율(%)
언어치료학	6	2.7	특수교육	14	6.3
영어학	2	0.9	플라워디자인	3	1.4
유아특수교육	10	4.5	행정정보학	4	1.8
음악목회학	5	2.3	합 계	222	100.0

2005학년도 나사렛대학교 장애재학생의 입학 전형 유형은 특별전형이 71.6%로 일반전형 28.4%에 비해 약 2.5배 높았다.

전형별 장애유형 간에는 5% 수준에서 유의한 차이가 있었는데 일반전형 장애학생 중에서는 지체장애(44.4%) 비율이 가장 높았고 그 다음이 청각 장애(20.6%)이었다. 특별전형 장애학생 중에서는 청각장애(28.3%)가 가장 많았고 그 다음으로 지체장애(23.9%), 시각장애(23.3%) 순이었다. 전형별 장애등급에는 별 차이가 없는 것으로 나타났다.

〈표 Ⅱ-1-11〉 2005학년도 나사렛대학교 장애재학생의 입학 전형 유형

입학 전형	빈도(명)	백분율(%)
일 반	63	28.4
특 별	159	71.6
합 계	222	100.0

〈표 Ⅱ-1-12〉 2005학년도 나사렛대학교 장애재학생의 입학 전형별 장애유형

(단위: 명, %)

전형 \ 유형	뇌병변	시각장애	지체장애	청각장애	특정학습장애	합 계	Pearson Chi-Square Value	Sig.
일 반	8	5	28	13	9	63		
	12.7	7.9	44.4	20.6	14.3	100.0		
특 별	17	37	38	45	22	159	13.197	.010
	10.7	23.3	23.9	28.3	13.8	100.0		
합 계	25	42	66	58	31	222		
	11.3	18.9	29.7	26.1	14.0	100.0		

〈표 Ⅱ-1-13〉 2005학년도 나사렛대학교 장애재학생의 입학 전형별 장애등급

(단위: 명, %)

전형 \ 등급	1	2	3	4	5	6	합 계
일 반	20	21	10	5	5	2	63
	31.7	33.3	15.9	7.9	7.9	3.2	100.0
특 별	42	71	32	6	6	2	159
	26.4	44.7	20.1	3.8	3.8	1.3	100.0
합 계	62	92	42	11	11	4	222
	27.9	41.4	18.9	5.0	5.0	1.8	100.0

2005학년도 장애재학생의 재학상태는 재학이 95.9%, 일반 휴학이 3.2%, 미등록 제적이 0.9%인 것으로 조사되었다.

2005학년도 1학기 평균 평점을 조사한 결과 68.1%의 장애학생들이 3.0 이상이었다. 입학 전형별 성적의 차이는 거의 없음을 보여주었다. 장애재학생이 학사경고를 받은 것은 10명이 한 학기, 3명이 그 이상의 학기에서 학사경고를 받았다.

〈표 Ⅱ-1-14〉 2005학년도 나사렛대학교 장애재학생의 재학상태

재학상태	빈도(명)	백분율(%)
재 학	213	95.9
일반 휴학	7	3.2
미등록 제적	2	0.9
합 계	222	100.0

〈표 Ⅱ-1-15〉 2005학년도 1학기 나사렛대학교 장애재학생의 학업 성적

평균 평점	빈도(명)	백분율(%)
0.0~0.9	2	0.9
1.0~1.9	4	1.8
2.0~2.9	65	29.3

평균 평점	빈도(명)	백분율(%)
3.0~3.9	134	60.4
4.0~4.5	17	7.7
합 계	222	100.0

〈표 Ⅱ-1-16〉 2005학년도 1학기 나사렛대학교 장애재학생의 입학 전형별 학업 성적

전 형	빈도(명)	평균(점)	표준편차
일 반	63	3.164	.8328
특 별	159	3.186	.5620

〈표 Ⅱ-1-17〉 2005학년도 나사렛대학교 장애재학생의 학사경고 학기 횟수

학사경고 학기 횟수	빈도(명)	백분율(%)
1	10	76.9
2	1	7.7
3	1	7.7
4	1	7.7
합 계	13	100.0

(3) 2005학년도 2월 나사렛대학교 장애졸업생의 현황

2005학년도 4월 1일 기준 나사렛대학교 장애졸업생 34명 중 57.6%가 남자, 42.4%가 여자였다. 전반적으로 장애졸업생의 장애유형은 지체장애 (38.2%)가 가장 많았고 1, 2, 3급 중증장애학생이 91.9%로 대부분을 차지하였다. 세부적으로는 지체장애 2급과 청각장애 2급 학생이 각각 17.6%로 가장 많았고 시각장애 1급 학생(14.7%)이 그 다음이었다.

〈표 Ⅱ-1-18〉 2005학년도 나사렛대학교 장애졸업생의 성별

성 별	빈도(명)	백분율(%)
남 자	19	57.6
여 자	14	42.4
합 계	34	100.0

〈표 Ⅱ-1-19〉 2005학년도 나사렛대학교 장애졸업생의 장애유형 및 등급

(단위: 명, %)

등급＼유형	뇌병변	시각장애	지체장애	청각장애	특정학습장애	합 계
1	1	5	2	0	0	8
	2.9	14.7	5.9	0.0	0.0	23.5
2	0	1	6	6	2	15
	0.0	2.9	17.6	17.6	5.9	44.1
3	0	2	3	1	2	8
	0.0	5.9	8.8	2.9	5.9	23.5
5	0	1	1	0	0	2
	0.0	2.9	2.9	0.0	0.0	5.9
6	0	0	1	0	0	1
	0.0	0.0	2.9	0.0	0.0	2.9
합 계	1	9	13	7	4	34
	2.9	26.5	38.2	20.6	11.8	100.0

2005학년도 장애졸업생들은 11개 전공에 넓게 분포되어 있었는데 장애 재학생의 경우와 마찬가지로 인간재활학 전공에 32.4%, 사회복지학 전공에 29.4%로 가장 많았고 그 밖의 전공에서는 한두 명 정도가 소속되었음을 볼 수 있었다.

〈표 Ⅱ-1-20〉 2005학년도 나사렛대학교 장애졸업생의 전공

전 공	빈도(명)	백분율(%)	전 공	빈도(명)	백분율(%)
경영정보학	1	2.9	유아특수교육	2	5.9
비서행정학	1	2.9	인간재활학	11	32.4
사회복지학	10	29.4	재활공학	1	2.9
성 악	1	2.9	전산정보학	1	2.9
신 학	2	5.9	특수교육	2	5.9
언어치료학	2	5.9	합 계	34	100.0

2005학년도 장애졸업생의 입학 전형 유형은 32.4%가 일반전형, 67.6%가 특별전형이었다. 입학 전형별 장애유형의 차이는 각 셀의 빈도가 낮아 통계적 분석과 해석에는 어려움이 있지만 별다른 차이가 발견되지는 않았다.

〈표 Ⅱ-1-21〉 2005학년도 나사렛대학교 장애졸업생의 입학 전형 유형

입학 전형	빈도(명)	백분율(%)
일 반	11	32.4
특 별	23	67.6
합 계	34	100.0

〈표 Ⅱ-1-22〉 2005학년도 나사렛대학교 장애졸업생의 입학 전형별 장애유형

(단위: 명, %)

전형＼유형	뇌병변	시각장애	지체장애	청각장애	특정학습장애	합 계
일 반	0	3	3	2	3	11
	0.0	27.3	27.3	18.2	27.3	100.0
특 별	1	6	10	5	1	23
	4.3	26.1	43.5	21.7	4.3	100.0
합 계	1	9	13	7	4	34
	2.9	26.5	38.2	20.6	11.8	100.0

2005학년도 34명의 장애졸업생 중 한 학기 장학금을 받은 학생이 7명, 두 학기 받은 학생이 7명으로 가장 많았고 여덟 학기 모두 장학금을 받은 학생도 1명이 있었다. 그러나 나사렛대학교 전산시스템에서 학생들에게 지급된 장학금의 종류별 장학금 액수와 총액의 자료는 존재하지 않았다. 예를 들어 한 장애학생이 한 학기에 두세 가지 경로나 종류의 장학금을 총 60만원 받았을 경우, 한 학기 기준으로 어떤 장학금들을 받았는지 또는 장학금 경로나 종류별로 각각 얼마를 받았는지 알 수 없어 대학교 차원의 통계 분석을 할 수 없다는 것이 발견되었다.

〈표 Ⅱ-1-23〉 2005학년도 나사렛대학교 장애졸업생의 장학금 수혜 학기 횟수

장학금 수혜 횟수	빈도(명)	백분율(%)
1	7	31.8
2	7	31.8
3	2	9.1
4	4	18.2
5	1	4.5
8	1	4.5
합 계	22	100.0

2005학년도 장애졸업생 34명 중 30%는 취업, 10%는 진학하였다. 입학 전형별 취업여부에는 5% 수준에서 유의한 차이가 있었는데 일반전형 장애졸업생들이 한 명도 취업하지 못한 데 비해 특별전형 학생들은 47.4%가 취업하였다.

〈표 Ⅱ-1-24〉 2005학년도 나사렛대학교 장애졸업생의 취업여부

취업여부	빈도(명)	백분율(%)
취 업	9	30.0
진 학	3	10.0
미취업	18	60.0
합 계	30	100.0

〈표 Ⅱ-1-25〉 2005학년도 나사렛대학교 장애졸업생의 입학 전형별 취업여부

입학 전형 \ 취업여부	취 업	진 학	미취업	합 계	Pearson Chi-Square Value	Sig.
일 반	0	1	10	11		
	0.0	9.1	90.9	100.0		
특 별	9	2	8	19	7.99	.018
	47.4	10.5	42.1	100.0		
합 계	9	3	18	30		
	30.0	10.0	60.0	100.0		

2005학년도 4월 1일 기준 취업한 장애졸업생 9명의 직종은 대학교 조교, 사회복지사, 상품중개인, 언어치료사, 영화배우, 전도사, 직업재활사였다. 이들 중 5명(55.6%)은 정규직이었다.

〈표 II-1-26〉 2005학년도 나사렛대학교 장애졸업생 취업자의 직종

취업 직종	빈도(명)	백분율(%)
대학교 조교	2	22.2
사회복지사	1	11.1
상품중개인	1	11.1
언어치료사	1	11.1
영화배우	1	11.1
전도사	1	11.1
직업재활사	2	22.2
합 계	9	100.0

〈표 II-1-27〉 2005학년도 나사렛대학교 장애졸업생 취업자의 정규직 여부

정규직 여부	빈도(명)	백분율(%)
정규직	5	55.6
비정규직	4	44.4
합 계	9	100.0

(4) 2005학년도 나사렛대학교 장애학생 현황에 대한 논의

① 나사렛대학교 개별 학생 종합정보 시스템의 부재

나사렛대학교 장애학생의 정보는 대표적으로 점자음성전자교육정보센터, 교무처, 입시학생처에 산재해 있었다. 여기에 각 전공별, 학교 소속 기관별, 부모교수별 장애학생에 대한 중요한 정보들을 고려해 본다면 '객관적이고 정확한 자료'라는 용어가 무색할 지경이다. 문제의 심각성은 이것이 단지 장애학생에 국한되지 않는다는 사실이다.

나사렛대학교는 개별 학생에 대한 구체적인 지도와 안내라는 취지로 부모교수제도를 실시하고 있다. 여기에서도 개별 학생에 대한 객관적인 자료를 근거로 지도를 한다기보다는 학생 본인이 제공하는 정보에 의존하는 경향이 있다. 예를 들어 학사경고를 받은 장애학생, 구직 중인 4학년 학생 등의 특정 사례에 맞는 지도나 안내를 위해서는 해당 학생의 이전 휴학 여부, 학사경고 받은 학기 이전의 학업 성적 등 필요로 하는 객관적인 자료들이 있을 수 있다. 그러나 현재 나사렛대학교에는 부모교수가 지속적으로 변경되고 추가되는 자녀 학생에 대한 정보를 알 수 있는 전자정보시스템이 없다. 장애학생에 대한 개별적, 통계적 자료의 부재는 이러한 전체적 시스템의 부재에서 기인한다고 할 수 있겠다.

또한 각 부속기관, 소속기관 등에 따라 각기 다른 정보 시스템이 구축되어 있거나 수작업으로 통계를 처리하고 있어 일관성과 정확성의 문제가 심각하다. 이것은 객관적 통계 자료에 의한 효과적 의사결정과 정책 수립에 저해 요인이 될 수 있고 상당한 중복성, 비효율성, 낭비를 야기할 수 있다. 2006년 현재 나사렛대학교 종합인력개발센터에서 개발 중인 정보시스템의 구축에는 이 같은 내용에 대한 배려가 충분히 있어야 할 것이다.

② 나사렛대학교 장애학생의 대부분은 중증 그리고 지체·청각·시각장애

나사렛대학교는 앞에서 제시한 자료와 같이 매년 장애학생이 큰 폭으로 늘어나고 있는 추세이다. 지금은 장애학생의 이러한 증가가 나사렛대학교에 어떤 도전을 주는 것인지 또한 긍정적인 결과로 이끌기 위해서는 무엇을 해야 하는지 신중하게 논의해야 할 시점이다. 더욱이 나사렛대학교 장애학생의 대다수는 중증지체장애, 청각장애, 시각장애 학생이다. 또한 학습에 어려움이 있는 장애유형(특정학습장애)에 대한 교육적 입장이 정립되어야 할 것이다.

③ 장애학생의 학교 적응과 졸업 후 진로

장애재학생의 전공은 실로 광범위하였다. 2005학년도 장애학생 222명

중 26.6%가 인간재활학 전공, 24.3%가 사회복지학 전공이었다. 9명 이상의 장애학생이 있는 전공은 인터넷정보학, 전산정보학, 신학, 특수교육, 유아특수교육 전공이었다. 그리고 기타 전공에 1명에서 6명까지 다양하게 분포하였다. 전공별 장애학생 수에 따라 장애학생에 대한 지도 및 안내 프로그램의 차별화 전략이 필요할 것이다. 장애학생의 수가 많은 전공일수록 개인별은 물론 소집단별 프로그램 운영이 가능할 것이다. 그러나 한두 명의 장애학생이 있는 전공에서는 개인별 지도 외에 해당 학생에게 요구되는 도움이나 지도 프로그램 개발이 필요할 것이다. 정책적으로는 전공별 장애학생을 지원하는 장단기 프로그램을 개발하고 실행하는 데 예산이 투입되어야 가시적인 효과를 거둘 것으로 보인다.

장애재학생의 68.1%는 평균 3.0점 이상의 학점을 받고 있었다. 또한 평균 학점은 일반 및 특별전형 간의 유의미한 차이 없어 특별전형으로 입학 장애학생에 대한 부정적인 시각이 편견에 의한 것임을 시사한다. 아울러 2005학년도 34명 장애졸업생 중 30%가 취업을 하였는데 이들 모두 특별전형으로 입학한 장애졸업생이었고 일반전형으로 입학한 장애학생은 1명도 취업하지 못하여 오히려 일반전형으로 입학한 장애학생에 대한 고려와 지원에도 관심을 기울여야 할 것으로 판단된다.

2. 장애학생을 위한 취업지원 실태 및 욕구

1) 연구방법

본 연구에서는 나사렛대학교의 장애학생들을 위한 취업지원 실태 및 욕구, 그리고 진로결정수준과 대학생활 적응에 대하여 조사하고 특히 진로결정수준과 대학생활 적응은 어떠한 관계가 있는지에 대해 구체적으로 살펴본 후, 이를 토대로 장애학생들의 취업지원과 대학생활적응을 위해 보다 적절한 지원 대책을 수립할 수 있는 기초 자료를 제시하고자 하였다.

본 연구에서는 총 200부의 설문지를 교내 장애학생들에게 배부하여 158부(79%)를 회수하였다. 자료처리과정에서 무응답이나 불성실한 응답지 10부는 분석대상에서 제외하였다. 따라서 본 연구에 실질적으로 사용된 자료는 148부이다. 전체 장애학생(222명)의 67%가 조사에 참여하였다.

설문지는 장애학생을 위한 취업지원 실태와 욕구에 대한 13문항, 진로결정수준을 묻는 18문항, 대학생활 적응 정도를 묻는 25문항으로 구성되었다.

본 연구에서 수집된 자료는 대상자의 취업지원 실태와 욕구를 파악하기 위하여 빈도와 백분율을 살펴보았고, 일반적 사항에 따른 진로결정수준, 대학생활 적응 정도의 차이를 알아보기 위해 t-test와 일원변량분석(One-Way ANOVA)을 실시하였으며, 진로결정수준과 대학생활 적응의 관계를 알아보기 위해 상관분석을 실시하였다.

2) 연구결과

(1) 장애학생의 인구사회학적 특성

연구 참여자의 일반적 사항은 〈표 Ⅱ-2-1〉과 같다. 조사는 나사렛대학교에 재학 중인 장애학생들을 대상으로 실시하였으며, 148명이 참여하였다.

장애대학생들의 성별은 남학생이 52.4%, 여학생의 경우 47.6%로 여학생의 비율이 다소 낮았다. 연령은 20세 이상에서 25세 미만의 경우가 가장 높고, 25세 이상의 경우도 10.2%를 차지하고 있다. 장애대학생의 경우 30세 이상의 경우 4.1%로 연령이 다소 높은 경향을 보이고 있음을 알 수 있다. 종교의 경우 개신교가 전체 응답자의 58.1%로 가장 높았으며, 전체적으로는 종교인이 75%로 장애대학생의 상당부분이 종교생활에 참여하고 있음을 보여준다.

연구 참여자의 장애유형에서는 청각장애, 지체장애, 시각장애의 순이었다. 장애급수에서는 1-2급의 중증장애인의 경우가 전체학생의 81%였는데 이들 학생들이 학교생활을 하는 데 있어서 제반시설이나 환경적인 여건이 많은 장애학생들에게 영향을 미치고 있음을 보여준다고 하겠다. 주거형태의 경우는 기숙사 생활이 56.8%로 가장 많았고, 부모와 동거하거나(25.0%), 자취생활(17.6%) 순이었다. 장애대학생들의 학교생활과 관련된 내용으로 학년은 2학년이 가장 많고, 전공의 경우 인문사회계열에 편중되어 있었으며, 학생들의 학업성취도는 중간인 경우가 가장 많았다. 장애를 입은 시기는 태어날 때와 취학 전의 경우가 가장 많았는데 전체 참여자의 82.6%로 아동기부터 장애를 가지고 있는 경우가 많았다. 가족의 평균 수입은 206.62만 원이었고, 300만 원이상의 경우인 21.7%를 제외하면 78.3%의 경우가 300만 원 미만이었다. 따라서 이러한 결과만으로 대학생활과 관련된 비용적 측면을 파악하기는 어려우나 장애대학생들의 경제적인 부분에 대한 실태파악이 요청된다고 하겠다.

<표 Ⅱ-2-1> 연구 참여자의 인구사회학적 특성

구 분		빈도(명)	백분율(%)	구 분		빈도(명)	백분율(%)
성 별	남 성	76	52.4	학 년	1학년	42	28.8
	여 성	69	47.6		2학년	60	41.1
	합 계	145	100.0		3학년	33	22.6
	미응답	3			4학년	11	7.5
연령구분 (평균 22.12세)	20세 미만	21	14.3		합계	146	100.0
	20세 이상 25세 미만	111	75.5		미응답	2	
	25세 이상 30세 미만	9	6.1	전 공	인문사회계열	120	82.8
					자연계열	1	0.7
	30세 이상	6	4.1		공학계열	9	6.2
	합 계	147	100.0		보건계열	2	1.4
	미응답	1			예술계열	6	4.1

구 분		빈도(명)	백분율(%)	구 분		빈도(명)	백분율(%)
종 교	개신교	86	58.1	학업 성취	기 타	7	4.8
	불 교	7	4.7		합 계	145	100.0
	천주교	18	12.2		미응답	3	
	무 교	22	14.9		상	30	20.4
	기 타	15	10.1		중	110	74.8
	합 계	148	100.0		하	7	4.8
장애 종류	청각장애	49	34.0		합 계	147	100.0
	정신장애	1	0.7		미응답	1	
	시각장애	38	26.4	장애 시기	태어날 때	66	46.2
	지체장애	46	31.9		태어나서 취학전까지 사이	52	36.4
	뇌병변장애	8	5.6		초등학교 때	14	9.8
	뇌성(언어)	1	0.7		중학교 때	3	2.1
	발달장애	1	0.7		고등학교 때	4	2.8
	척추장애	1	0.7		대학교 때	2	1.4
	합 계	145	100.0		기 타	2	1.4
	미응답	3			합 계	143	100.0
장애 급수	1급	49	35.0		미응답	5	
	2급	65	46.4	수입 (평균 210.95 만 원)	100만 원 미만	10	9.4
	3급	16	11.4		100만 원 이상 -200만 원 미만	40	37.7
	4급	6	4.3		200만 원 이상 -300만 원 미만	33	31.1
	5급	4	2.9		300만 원 이상	23	21.7
	6급	0	0.0		합 계	106	100.0
	합 계	140	100.0		미응답	42	
	미응답	8					
주거 형태	부모와 동거	37	25.0				
	자 취	26	17.6				
	하 숙	1	0.7				
	기숙사	84	56.8				
	합 계	148	100.0				

(2) 취업지원 실태 및 욕구

① 재학 중 취업지원 서비스 이용관련

장애대학생들의 취업지원 서비스에 대한 설문은 재학 중 취업지원 서비스 경험여부를 먼저 확인한 후, 서비스를 이용한 경험이 있는 경우 서비스 이용 횟수, 서비스의 종류, 서비스 만족도에 대한 문항으로 구성되어 있다.

장애대학생들의 재학 중 취업지원 서비스 경험여부는 전체 15%정도가 이용한 경험이 있었으며, 서비스 이용 횟수의 경우는 1-2회가 응답자의 80%로 가장 많이 나타났다. 이는 장애대학생들의 취업지원 서비스 경험여부와 서비스 횟수 모두 낮은 수준임을 보여주고 있다. 서비스 내용의 경우는 직업상담, 직업적성검사, 직장체험의 경우가 동일하게 나타났고, 진로지도, 직업능력개발 등의 순이었다. 이를 종합하면, 장애대학생들의 재학중 취업지원 서비스를 이용한 전체 실적의 저조함과 서비스 내용에 있어서도 적성검사나 상담과 진로지도 등으로 제한되어 장애대학생들의 욕구에 맞는 다양한 프로그램의 개발 및 이용횟수를 늘릴 수 있는 방안이 모색될 필요가 있다고 하겠다. 또한 재학 중 취업지원 서비스에 대한 만족 정도에 있어서도 '보통이다'라고 응답한 경우가 81.8%를 차지하고 있고, 서비스 만족도에 '만족' 이상이라고 응답한 경우는 한 사람도 없었다.

<표 Ⅱ-2-2> 재학중 취업지원 서비스

	구 분	빈 도(명)	백분율(%)
재학중 취업지원 서비스 경험 여부	있 다	21	14.4
	없 다	125	85.6
	합 계	146	100.0
서비스 횟수	전혀 없다	0	0.0
	1-2회	16	80.0
	3-4회	2	10.0
	4회 이상	2	10.0
	합 계	20	100.0

	구 분	빈 도(명)	백분율(%)
	직업상담	5	23.8
	직업적성검사	5	23.8
	진로지도	3	14.3
서비스 종류	직업능력개발	2	9.5
	직장체험	5	23.8
	기 타	1	4.8
	합 계	21	100.0
	불만족	4	18.2
	보 통	18	81.8
서비스 만족도 (*평균=2.89)	만 족	0	0.0
	매우 만족	0	0.0
	합 계	22	100.0

* 서비스 만족은 5점 만점을 기준으로 개별문항으로 질문하였음.

재학 중 취업지원 서비스를 받은 경험이 있는 학생들의 성별과 학년분포는 〈표 Ⅱ-2-3〉에 나타나 있으며, 성별과 학년 모두 유사한 비율을 보이고 있다. 특히 주목할 점은 4학년 학생들의 경우 응답학생들이 다른 학년에 비해 낮은 것을 감안하더라도, 취업지원 서비스를 이용한 경우가 9.1% 정도로 다른 학년에 비교할 경우 가장 낮게 나타났다. 이러한 점은 졸업에 직면해 있는 장애대학생들의 취업지원 서비스 이용률이 낮은 이유를 심도있게 분석해 볼 필요가 있다고 하겠다. 이러한 결과가 현실적으로 취업에 대한 어려움이 반영되어 취업 욕구가 부족한 것인지 아니면 취업지원 서비스에 대한 홍보가 부족한 탓인지 명확하게 파악하기는 어렵다.

〈표 Ⅱ-2-3〉 성별과 학년에 따른 재학중 취업지원 서비스

단위: 명(%)

구 분		재학 중 취업지원 서비스		합 계
		있 다	없 다	
성 별	남학생	11(14.7)	64(85.3)	75(100.0)
	여학생	9(13.0)	60(87.0)	69(100.0)
	합 계	20(13.9)	124(86.1)	144(100.0)

구 분		재학 중 취업지원 서비스		합 계
		있 다	없 다	
	1학년	7(16.7)	35(83.3)	42(100.0)
	2학년	6(10.2)	53(89.8)	59(100.0)
학 년	3학년	6(18.8)	26(81.3)	32(100.0)
	4학년	1(9.1)	10(90.9)	11(100.0)
	합 계	20(13.9)	124(86.1)	144(100.0)

　　취업지원 서비스를 이용한 경험이 있는 장애대학생들의 일반적 사항을 살펴보면 남학생의 경우가 55.0%로 여학생의 45.0% 경우보다 높았고, 인문사회계열이 다른 전공학생들보다 상대적으로 이용 정도가 훨씬 높았다. 또한 학년 비율은 1학년과 2,3학년이 높았으며, 4학년의 경우는 이용률이 극히 저조한 것으로 나타났다.

　　장애급수의 경우에는 1-2급의 경우가 전체 이용자들의 90%를 차지하고 있어 가장 높았으며, 장애등급이 낮을수록 오히려 취업지원 서비스의 이용 정도가 낮아지는 것을 볼 수 있다. 또한 재학 중 취업지원 서비스 이용자들의 주거형태를 살펴보면, 기숙사에서 학교생활을 하는 경우가 42.9%로 가장 높았고, 자취하거나 부모와 동거하는 학생들의 비율은 유사하게 나타났다. 기숙사에서 생활하고 있는 학생들의 경우 이용률이 높은 것은 이들이 취업에 대한 정보공유가 용이하고, 학교시설의 이용에 있어서 편리한 점 등이 고려된 것으로 보여, 기숙사에 생활하고 있는 장애대학생들의 이용을 보다 확대할 수 있는 방안을 모색하는 것도 필요하다고 하겠다. 경우에 따라서는 기숙사에서 취업지원 서비스를 직접 제공할 수 있게 하거나 취업지원 서비스 프로그램을 기숙사에서 실시하는 것도 전체 장애대학생들에게 홍보효과도 높일 수 있고, 이용률도 증가할 수 있는 방안이라고 할 수 있겠다.

〈표 Ⅱ-2-4〉 재학중 취업지원 서비스 경험이 있는 장애대학생들의 일반적 사항

	구 분	빈 도(명)	백분율(%)
성 별	남 자	11	55.0
	여 자	9	45.0
	합 계	20	100.0
전 공	인문사회계열	16	76.2
	자연계열	0	0.0
	공학계열	0	0.0
	보건계열	1	4.8
	예술계열	1	4.8
	기 타	3	14.3
	합 계	21	100.0
학 년	1학년	7	35.0
	2학년	6	30.0
	3학년	6	30.0
	4학년	1	5.0
	합 계	20	100.0
장애급수	1급	9	47.4
	2급	8	42.1
	3급	2	10.5
	4급	0	0.0
	5급	0	0.0
	합 계	19	100.0
주거형태	부모와 동거	5	23.8
	자 취	6	28.6
	하 숙	1	4.8
	기숙사	9	42.9
	합 계	21	100.0

② 취업지원 서비스에 대한 학교의 지원정도에 대한 인식

장애대학생들의 취업지원에 대한 학교의 지원과 관련된 내용은 장애학생

취업에 대한 학교 측의 관심과 열의 정도는 어떠한지와 교내에 장애학생 취업
지원을 담당하고 있는 전담부서의 여부, 장애학생 취업지원 전담부서나 직원
의 서비스에 대한 만족도, 취업전담부서의 필요성 등을 통하여 알아보았다.

　　장애학생들의 취업에 대한 학교의 관심정도에 대한 응답은 보통정도의 관
심을 보이고 있다고 인식되고 있다. 특히 낮거나 매우 낮다고 응답한 비율
은 전체 응답자의 40%로 높은 수준의 관심을 가지고 있다고 응답한 17%
보다 높다. 따라서 장애대학생들은 학교에서 자신들의 취업에 대한 관심 정
도에 대해 전반적으로 부정적이라는 것을 알 수 있다. 또한 장애학생의 취
업전담부서에 대한 서비스 만족도에 대해서도 보통 정도라고 응답한 경우가
56.4%로 취업전담부서의 이용과 관련하여 특별한 도움을 받고 있지 못하
다는 것을 보여준다.

〈표 Ⅱ-2-5〉 취업지원 서비스에 대한 학교의 관심정도와 전담부서 만족도

	구 분	빈 도(명)	백분율(%)
	매우 낮음	16	11.1
	낮 음	42	29.2
장애학생 취업에 대한 학교의 관심정도	보 통	62	43.1
	높 음	14	9.7
	매우 높음	10	6.9
	합 계	144	100.0
	매우 불만족	0	0.0
	불만족	7	17.9
취업전담부서 서비스 만족	보 통	22	56.4
	만 족	6	15.4
	매우 만족	4	10.3
	합 계	39	100.0

③ 취업전담부서와 필요서비스

　　장애대학생들이 인식하고 있는 취업과 관련한 학교의 관심정도가 낮음에도

불구하고 취업전담부서의 필요성은 매우 중요하게 받아들이고 있었다. 응답결과 72.0%의 학생들이 취업전담부서가 '필요'하거나, '매우 필요'하다고 응답하고 있어 취업지원 서비스를 통하여 취업과 관련된 지원을 받고자 하는 욕구는 매우 높다는 것을 알 수 있다. 따라서 장애대학생들에게 실질적으로 도움을 줄 수 있도록 취업지원부서의 새로운 변화가 요청되고 있다고 볼 수 있으며, 장애대학생들의 취업과 관련된 다양한 서비스의 제공이 필요하다는 것을 알 수 있다.

〈표 Ⅱ-2-6〉 취업전담 부서의 필요성

취업전담부서 필요성	빈 도(명)	백분율(%)
매우 불필요	4	2.8
불필요	2	1.2
보 통	35	23.9
필 요	39	26.3
매우 필요	68	45.7
합 계	148	100.0

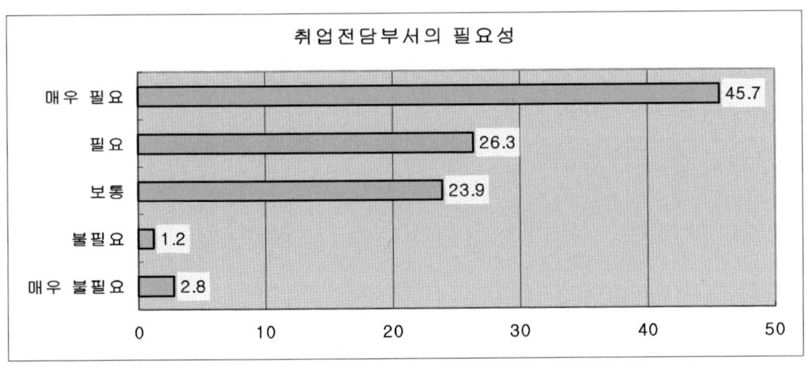

〈그림 Ⅱ-2-1〉 취업전담 부서의 필요성 (단위: 백분율)

장애대학생들의 취업지원을 위해 필요한 서비스의 구체적인 내용은 취업알선이 17.4%로 가장 높으며, 직장체험에 대한 욕구가 17.0% 순이었다. 이러한 결과는 장애대학생들이 실질적으로 도움이 필요한 것은 자신의 취업과 직접 관련된 것이었으며, 이와 함께 취업을 준비하는 데 있어서 직장체험의 기회를 많이 가져보고 싶은 욕구가 있음을 알 수 있다. 그러나 이러한 욕구들은 단순히 학교 내 전담부서가 있다고 해결될 수 있다고 보기는 어렵다. 전공교수와 취업알선전담기구가 밀접한 연계를 가지고 장애학생들의 욕구를 파악하고, 그들의 업무능력을 평가할 수 있는 여건이 갖추어져야 하기 때문이다. 또한 장애대학생들의 취업알선을 위해서는 지역사회 내 다양한 직종에 대한 사전조사가 이루어져야 가능하며, 이를 수행하기 위해서는 장애취업을 지원할 수 있는 다양한 재활전문가들이 필요하다. 이 밖에도 직장체험을 위해서는 전공별 현장실습과정을 다양하게 활용하는 방안이 필요하다.

〈표 Ⅱ-2-7〉 취업지원 필요 서비스의 내용

취업지원 필요서비스의 내용	빈 도(명)	백분율(%)
직업상담	22	14.6
직업적성검사	6	4.0
진로지도	13	9.1
직업능력개발	15	9.9
직장체험	25	17.0
취업정보	16	11.4
취업알선	26	17.4
이력서(자기소개서) 작성법	5	3.2
면접방법	4	2.8
자신감 회복	10	6.6
기 타	6	4.0
합 계	148	100.0

④ 졸업 후 진로 직장 선택

가. 졸업 후 진로

장애대학생들의 졸업 후 진로에 관한 문항은 취업을 가장 우선적으로 고려하고 있었다. 취업의 경우 응답자의 49.3%, 여기에 공무원을 준비하는 경우도 포함한다면 전체 응답자의 57% 이상이 졸업 후 취업을 원한다고 볼 수 있을 것이다. 따라서 장애대학생들의 졸업 후 취업을 통하여 사회 내 통합에 대한 욕구가 매우 강하다고 볼 수 있다. 이와 함께, 졸업이후 편입이나 대학원에 진학하고자 하는 욕구도 전체 응답자의 12.0%를 보였고, 해외유학을 생각하는 경우도 4.0%를 차지하고 있어 취업과 함께 학업을 지속적으로 하겠다는 경우가 취업과 함께 가장 많이 응답 하였다.

한 가지 고려할 점은 성별에 따라서 장애대학생들의 진로에 크게 차이가 없다는 점이었는데, 이러한 결과는 장애대학생들의 졸업 후 진로에 대한 구체적인 대안들이나 선택의 폭이 제한되어있고, 이는 성별에 따라 다르지 않다는 것을 보여준다. 그밖에 졸업 후 진로에 대해 생각해 본 적이 없다고 응답한 경우도 전체 응답자의 17.3%였고, 앞으로 사업이나 자영업에 종사하겠다는 경우도 6.7%로 나타나, 이들 학생들의 장애유형이나 장애 정도를 고려한 개별화된 진로지도와 직업상담의 필요성이 제기된다고 하겠다.

〈표 Ⅱ-2-8〉 졸업 후 진로(성별비교)

성 별	졸업 후 진로							합 계
	생각해 본 적 없다	취 업	편입이나 대학원진학	해외 유학	사업이나 자영업	공무원	기 타	
남학생	13명	37명	9명	3명	5명	6명	2명	75명
	17.3%	49.3%	12.0%	4.0%	6.7%	8.0%	2.7%	100.0%
여학생	18명	27명	11명	4명	0명	8명	1명	69명
	26.1%	39.1%	15.9%	5.8%	0.0%	11.6%	1.4%	100.0%
합 계	31명	64명	20명	7명	5명	14명	3명	144명
	21.5%	44.4%	13.9%	4.9%	3.5%	9.7%	2.1%	100.0%

나. 직장 선택 시 고려사항(순위별 응답)

직장을 선택하는 경우 고려해야 할 사항이 무엇인가에 대한 우선순위별 결과는 〈표 Ⅱ-2-9〉와 같이 가장 많이 고려해야 할 사항으로 전공분야와의 관련정도였으며 전체 다중응답결과도 동일한 결과를 보였다. 다중응답의 결과에서 순위에 다소 차이를 보이는 내용에서 특이한 사항으로는 '안정성'이었는데 3순위에서 가장 높은 빈도를 보여 전체 응답 합계에서는 전공분야 관련도의 뒤를 잇고 있다. 장애대학생들의 직장 선택은 다양한 요인들이 고려되어야 한다. 우선적으로 장애대학생들은 자신의 전공분야가 직장선택의 가장 우선적인 고려사항이라고 응답하였지만, 실제로 취업현장이 이들의 욕구와 상반된 결과를 보여줄 수 있을 가능성도 상당히 높을 것이다. 전공분야별로 관심을 가진 직장에 대한 직장체험의 기회 증가, 작업환경의 편의성, 장애인에 대한 차별적인 대우에 대한 점검 등이 사전에 이루어져야 할 것이다. 단순히 장애대학생들이 원하는 직장을 중재하는 역할만으로는 달성되기 어려운 부분이다. 장애대학생들의 성공적인 직장생활을 위해서는 타 종사자와 근무환경, 관리자, 지역사회의 역할들이 협력적으로 이루어져야 할 것이며, 취업이후에도 사후 관리적 차원에서 장애학생들과 지속적인 연계가 필수적으로 요청되기 때문이다. 따라서 학교 내 장애학생들의 취업을 담당하는 부서는 취업을 원하고 있는 학생들이나 졸업 이후 취업을 한 학생들의 직장생활을 지원할 수 있는 센터로서의 기능이 필요하다고 판단된다.

〈표 Ⅱ-2-9〉 직장 선택 고려사항(순위별 응답)

단위: 명(%)

직장 선택 시 고려사항	1순위	2순위	3순위	합 계
보수조건	30(20.4)	10(7.0)	12(8.5)	52(12.1)
전공분야 관련도	**42(28.6)**	**24(16.8)**	**12(8.5)**	**78(18.1)**
출퇴근시간 및 거리	18(12.2)	16(11.2)	11(7.8)	45(10.4)
교통편의	8(5.4)	18(12.6)	10(7.1)	36(8.3)

직장 선택 시 고려사항	1순위	2순위	3순위	합 계
적 성	23(15.6)	19(13.3)	13(9.2)	55(12.8)
직장분위기	5(3.4)	19(13.3)	17(12.1)	41(9.5)
승진기회	1(0.7)	4(2.8)	6(4.3)	11(2.6)
안정성	**16(10.9)**	**18(12.6)**	**35(24.8)**	**69(16.0)**
장래성	3(2.0)	15(10.5)	25(17.7)	43(10.0)
기 타	1(0.7)	0(0.0)	0(0.0)	1(0.2)
합 계	147(100.0)	143(100.0)	141(100.0)	431(100.0)

한편, 장애대학생들의 직장선택 시 고려사항들은 보수조건, 적성, 출퇴근 시간 및 거리 등이 높은 비율을 보여주고 있으며, 특히 출퇴근 시간이나 거리의 경우는 직장 근무지의 접근성을 고려해야 한다는 점에서 신체이동이 부자유스러운 장애대학생들의 특성을 반영하고 있다고 보겠다. 결과적으로 장애대학생들의 직장선택에 있어서 어떤 것들을 고려하고 있는가에 대한 응답은 비장애대학생들과 크게 다르지 않다고 여겨진다. 특히 장애유형에 따라서는 비장애인들과 직장생활 자체가 차이가 없을 수도 있을 것이고, 장애 정도에 따라서는 장애대학생들이 취업에 대한 실현가능성에 간극을 확인할 수도 있을 것이다. 따라서 이들 장애대학생들의 취업에 대한 욕구들을 현실 적으로 달성하기 위해서는 장애대학생과 학교 및 직장의 연계가 원활하게 이루어질 때 가능해질 것으로 보인다.

다. 진로결정 시 어려운 점과 직장 생활시 예상되는 문제점

장애대학생들의 진로결정 시 어려운 점이 무엇이며, 졸업 후 직장생활을 시작하는 경우 예상되는 문제점은 무엇인가에 대한 응답결과는 〈표 Ⅱ-2-10〉 과 같다.

첫째, 진로를 결정하는 데 있어서의 어려움으로 장애인의 차별에 대한 인식이 가장 높게 나타났으며, 취업을 준비하는 과정에서 해야 하는 다양한 일들을 수행하는 데 따르는 어려움들을 호소하고 있다. 특히 취업준비를 하

는 데 있어서 교내에서 활용할 수 있는 정보의 부족, 이를 지원해 줄 수 있는 프로그램의 부족으로 인해 결과적으로는 취업을 준비하는 데 있어서 어려움으로 연결되고 있음을 볼 수 있다.

이와 달리 전공지식의 부족이나 컴퓨터 활용능력의 부족, 외국어 능력의 부족은 장애학생들의 개인적인 지식습득 능력에 대한 어려움으로서 이는 학교생활과정에서 훈련과 교육을 통해서 달성해 나가야 하는 과제들이라고 볼 수 있다. 따라서 장애대학생들의 취업을 위해서는 개별적으로 자신의 전공에 대한 지식의 습득과 외국어 능력과 컴퓨터 사용능력들을 배양할 수 있는 학교교육이 충실히 이루어져야 하는 것이 우선적으로 선결되어야 한다. 이러한 학교교육의 내실화와 함께 장애인의 차별에 대한 문제와 취업준비의 어려움과 교내 정보 및 프로그램의 부족들은 장애대학생들의 학교와 사회가 해결해 나가야 할 문제들이다. 특히 학교교육을 충실히 마쳤음에도 불구하고 장애인에 대한 차별은 진로결정에 결정적으로 영향을 미치는 요인이라고 볼 수 있을 것이다.

이와 함께 직장 생활을 시작한 이후에 예상되는 문제들이 무엇인가에 대한 문항은 진로결정 시 어려워하였던 장애인에 대한 편견과 차별을 가장 많이 우려하고 있는 문제라고 응답하였다. 또한 장애로 인한 대인관계의 어려움, 업무수행 활동과 이동에서의 어려움, 업무수행 능력 등 다양하게 나타나고 있다. 그러나 우선적으로 장애학생들이 스스로 직장 내 장애인들에 대한 편견과 차별을 완화시키기에는 한계가 있을 것이며, 장애학생의 개인의 문제로 보기 어렵다. 따라서 장애대학생들의 진로결정을 지원하고, 직장생활 시 어려움과 문제들을 함께 공유하고 해결하려는 노력은 대학교 내에서부터 시작되어야 할 문제라고 여겨진다.

〈표 Ⅱ-2-10〉 진로결정 시 어려운 점과 직장 생활시 예상되는 문제점

진로결정 시 어려운 점	빈 도(명)	백분율(%)
교내 정보, 프로그램 부족	24	16.3
취업준비 어려움	27	18.3
전공지식 부족	16	10.7
컴퓨터 활용능력 부족	12	7.9
외국어 능력 부족	18	12.3
장애인 차별	47	31.7
기 타	4	2.8
합 계	148	100.0

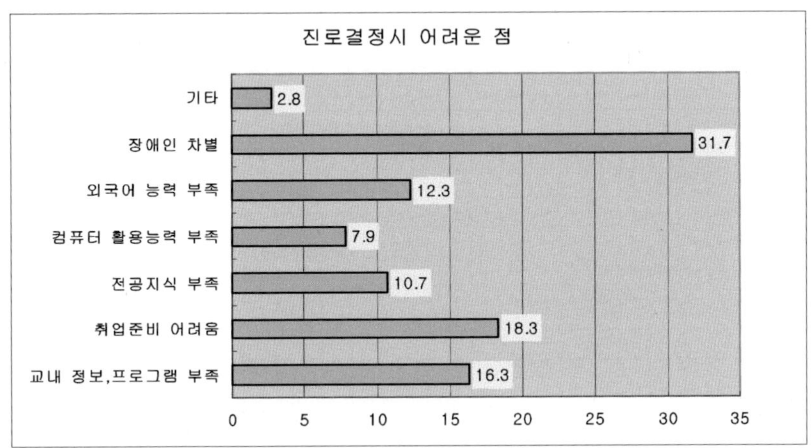

〈그림 Ⅱ-2-2〉 진로결정 시 어려운 점 (단위: 백분율)

라. 직장구하기와 진로정보를 얻는 방법

장애대학생들의 취업은 대학생활의 최종적인 목표가 될 수 있는 중요한 사안이다. 물론 장애로 인하여 실제적인 취업이라는 목표가 달성되기 어려운 학생들이 있음에도 불구하고, 직장을 구하고자 하는 장애대학생들은 다양한 방법을 통하여 자신의 진로에 대해 고민한다. 그들이 진로정보를 획득

하는 방법은 주로 컴퓨터를 이용하는 경우와 주위의 사람들을 통하는 방법
으로 구분될 수 있을 것 같다. 우선 컴퓨터를 이용한다는 경우가 41.5%로
가장 많았고, 친구나 선배를 찾는 경우가 36.7%로 다른 방법들과 많은 차
이를 보이고 있다. 그밖에 가족이나 학생지원처를 통해 진로정보를 얻는다
고 응답한 경우는 가장 낮게 나타났는데 이러한 결과가 의미하는 것은 가족
들이 장애대학생들의 취업욕구를 긍정적으로 받아들이지 않을 경우도 있다
는 점과 실제로 크게 도움이 되지 않고 있다는 것을 보여준다고 하겠다. 또
한 학교에서의 학생지원처의 역할도 장애대학생들의 진로정보를 얻는 데 별
로 효과적이지 못하고 있음을 보여주고 있다고 하겠다.

<표 Ⅱ-2-11> 진로정보를 얻는 방법

진로정보 얻는 곳	빈 도(명)	백분율(%)
친구, 선배	54	36.7
컴퓨터 이용	61	41.5
가 족	7	4.8
교수님, 조교	13	8.8
학생지원처	7	4.8
기 타	5	3.4
합 계	147	100.0

직장을 구하는 방법에 대한 응답은 취직시험에 직접 응시하겠다는 경우가
28.6%로 가장 높았고, 학교추천을 통해 직장을 구하겠다는 경우도 21.8%
를 차지하고 있다. 학교 추천의 경우 구체적으로 어떤 절차를 통해 이루어
지는가에 대한 부분은 알 수 없으나, 장애대학생들이 학교에 상당부분 자신
의 취업에 대해 직접적으로 지원해 줄 것이라는 기대를 하고 있는 것으로
나타났다. 또한 자신 스스로 직장을 구하는 방법 중에 많은 부분은 인터넷
취업정보를 이용하겠다고 응답한 경우도 15.0%로 상당부분 차지하고 있다.

그러나 공공 직업알선기관이나 민간의 직업알선기관을 통하여 직장을 구하겠다고 응답한 경우는 이에 비해 상대적으로 낮게 나타났고, 특히 신문, 잡지 광고를 이용하거나 사업체에 문의하겠다는 경우는 3.4%로 장애대학생들이 직장을 구하는 방법으로 거의 고려되지 않고 있다고 볼 수 있을 것이다.

　따라서 장애대학생들이 직장을 구하는 방법은 너무나 제한되어 있다. 본인이 직접 취직시험에 응시하거나 인터넷 취업정보를 이용하겠다는 경우 어느 정도 취업과 연결되는지 확인하기는 어렵다. 그럼에도 불구하고 공공 직업알선 기관이나 민간 직업알선 기관을 통해 직장을 구하겠다는 부분이 상당히 낮은 것은 장애대학생들의 직장선택방법이 상당히 제한되어 있다는 것을 보여주고 있을 뿐이다. 따라서 장애대학생들이 그들의 직장을 구하는 방법은 개인적인 수준에서 이루어지기보다는 직장을 구하는 것과 함께 이들의 취업과 사후관리도 병행되어야 한다는 점을 고려할 때 긍정적인 방법이라고 보기는 어려울 것 같다.

〈표 Ⅱ-2-12〉 직장구하는 방법

직장구하는 방법	빈 도(명)	백분율(%)
공공 직업알선기관 등록	12	8.2
민간 직업알선기관 등록	8	5.4
취직시험 응시	42	28.6
신문, 잡지 취업광고 이용	5	3.4
인터넷 취업정보 이용	22	15.0
학교 추천	32	21.8
사업체 문의	5	3.4
친구나 친지의 소개	15	10.2
자영업(창업) 준비	1	0.7
기 타	5	3.4
합 계	147	100.0

마. 희망 취업직종

마지막으로 장애대학생들이 원하는 취업직종에 관한 내용은 사회복지분야가 가장 많았다. 앞서 직장선택의 고려사항에서도 나타났듯이 자신의 전공이 중요한 부분이었고, 설문에 응답한 참여자의 경우 그들의 전공이 사회복지분야가 많았던 부분을 고려한다면 이러한 결과는 다소 당연한 결과라고 보아야 할 것이다. 그러나 장애인들이 사회복지 실천분야에서 근무하고 싶다는 것도 어느 정도 이상적인 부분이 아닐 수 없다. 사회복지 기관에서 자신의 능력을 발휘한다는 것과 사회복지영역에서 일하고 싶어 한다는 것이 곧바로 연결되는 것도 아닐뿐더러, 사회복지학과를 졸업한다고 해서 사회복지기관에 종사 하는 데에도 한계가 있기 때문이다. 그러나 일정부분 장애대학생으로 사회복지기관을 선호한다는 것은 현실적으로 실현가능성이 높은 부분도 있으며, 학생들을 지원하는 차원에서 장기적으로 고려해볼 수 있는 직종이라고 판단된다.

그 밖에 장애의 특성이 가지는 한계점들이 다른 직종에 비해 영향을 덜 받는 컴퓨터와 정보처리 분야와 사무분야에 대한 선호가 높게 나타났다. 특히 컴퓨터와 정보처리 분야의 경우는 재택업무가 가능할 경우 이동성의 제한도 극복할 수 있는 분야이며, 직업의 성장가능성을 고려해볼 때에도 유망한 직종이라고 볼 수 있을 것이다. 그밖에 다른 직종도 다양하게 나타났는데 이들 분야에 대한 세부적인 영역을 소개하고, 성별과 장애유형 및 장애정도에 따라 적합한 직종개발이 지속적이면서 다양하게 이루어지는 것이 선행되어야 할 부분이라고 볼 수 있을 것이다.

<표 II-2-13> 희망 취업직종

희망 취업직종	빈 도(명)	백분율(%)
기계분야	2	1.4
금속분야	3	2.1
전기, 전자분야	0	0.0

희망 취업직종	빈 도(명)	백분율(%)
통신분야	4	2.7
조선, 항공분야	1	0.7
토목, 건축분야	0	0.0
섬유분야	1	0.7
컴퓨터. 정보처리분야	13	8.9
공예분야	0	0.0
산업응용분야	0	0.0
침술, 안마분야	1	0.7
사무분야	12	8.2
제과, 제빵분야	0	0.0
사회복지분야	86	58.9
서비스분야	2	1.4
보건, 의료분야	3	2.1
기 타	18	12.3
합 계	146	100.0

(3) 대학생활 적응

① 장애대학생의 대학생활 적응

장애대학생들의 대학생활의 전반적인 적응 정도에서 하위영역별 비교는 〈표 Ⅱ-2-14〉에서와 같이 대학에 대한 애착 정도가 가장 높이 평가받고 있다. 이에 비해 학문적 적응은 장애대학생들의 대학생활 적응에서 가장 어려움을 느끼고 있는 부분이었다. 또한 정서적인 적응 정도나 신체적인 적응 정도는 대학생활에서 경험하게 되는 사회적응보다 낮게 나타나고 있다.

〈표 Ⅱ-2-14〉 장애대학생의 대학생활 적응

	빈 도	평 균	표준편차
학문적응	142	3.0129	.63917
사회적응	140	3.1854	.59492

	빈 도	평 균	표준편차
정서적응	142	3.0795	.76808
신체적응	136	3.0568	.57170
대학애착	143	3.2768	.69295
대학생활적응전체	119	3.1248	.48507

* 대학생활 적응은 4점 리커트척도로 구성되었음.

② 장애대학생의 일반적 특성과 대학생활 적응

가. 성별에 따른 대학생활 적응

장애대학생들의 대학생활 적응과 하위영역별 평균에 대한 성별차이는 〈표 Ⅱ-2-15〉에서와 같다. 결과에서 보는 바와 같이 장애대학생들의 대학생활에서 사회적응과 신체적인 적응은 성별에 따라 유의미한 차이를 보이고 있다. 또한 유의할 점은 장애여학생의 경우 모든 하위영역에서 남학생보다 적응 정도가 낮게 나타난 점인데, 사회적응이나 신체적인 적응뿐만 아니라 대학생활에 대한 애착 정도나 전체 대학적응의 경우에서도 장애남학생들에 비해 상대적으로 낮게 나타났다. 그러나 성별에 따라 장애학생들의 학업과 관련된 부분에서나 정서적인 측면에서는 큰 차이를 보이지 않았다.

사회적응과 신체적응에 대한 개별문항별 분석은 〈표 Ⅱ-2-16〉과 같이 사회적응에 있어서 장애여대생들의 주거생활에 있어서의 적응과 동아리활동에서의 적응에 어려움을 겪고 있었고, 신체적응에서는 남학생들에 비해 건강상태가 좋지 못함을 보여주고 있다.

〈표 Ⅱ-2-15〉 성별에 따른 대학생활 적응

	성 별	빈 도	평 균	표준편차	자유도	t
학문적응	남 성	71	3.0391	.64925	137	.817
	여 성	65	2.9722	.62260		
사회적응	남 성	72	3.2532	.64001	135	2.044[*]
	여 성	62	3.0971	.51822		

	성 별	빈 도	평 균	표준편차	자유도	t
정서적응	남 성	71	3.1203	.75746	137	.803
	여 성	65	3.0407	.78764		
신체적응	남 성	71	3.1217	.52856	131	2.026*
	여 성	65	2.9706	.62451		
대학애착	남 성	74	3.3404	.67007	138	1.704+
	여 성	63	3.1887	.72181		
대학생활 적응전체	남 성	62	3.1752	.47157	114	1.797+
	여 성	51	3.0570	.50243		

+$p<0.10$, *$p<0.05$

〈표 Ⅱ-2-16〉 성별에 따른 대학생활 적응

		성 별	빈 도	평 균	표준편차	자유도	t
사회 적응	주거형태 적응	남 성	75	3.60	.868	142	2.004*
		여 성	66	3.39	.792		
	동아리활동 적극적 참여	남 성	75	2.77	1.247	141	2.453**
		여 성	65	2.40	1.0858		
신체 적응	건강상태가 좋다	남 성	73	3.31	1.018	138.568	2.077*
		여 성	65	3.06	.936		

*$p<0.05$, **$p<0.01$

나. 학년에 따른 대학생활 적응

장애대학생들의 대학생활 적응에 있어서 학년별 차이는 〈표 Ⅱ-2-17〉과 같이 다른 영역에서는 차이를 나타내지 않았고, 사회적응과 관련해서 차이를 보이고 있다. 특히 사회적응과 관련하여 2학년과 1학년 사이에서 차이가 났으며, 전체 집단에서 3, 4학년은 학년이 높아질수록 대학생활에서의 사회적응이 높았다. 이러한 결과는 특히 2학년 집단의 학교생활에 대한 욕구가 많다는 것으로 이해할 수 있으며, 학년이 높을수록 사회적응의 결과는 점차적으로 확대되어 간다고 볼 수 있다.

〈표 Ⅱ-2-17〉 학년에 따른 대학생활 사회적응

		자승합	자유도	평균자승	F
	집단 간	4.768	3	1.589	4.694[**]
사회적응	집단 내	81.600	134	.339	
	합 계	86.368	137		

**p<0.01

〈표 Ⅱ-2-18〉 학년에 따른 대학생활 사회적응 사후검증(Scheffe 검증)

	빈 도	평 균	1학년	2학년	3학년	4학년
1학년	40	3.2756		*		
2학년	54	3.0296	*		+	
3학년	32	3.3444		+		
4학년	11	3.4000				
합 계	137	3.1829				

+p<0.10, *p<0.05

다. 학업성취 정도에 따른 대학생활 적응

장애대학생들의 학업성취에 따라 대학생활 적응 정도가 어떻게 다른가는 〈표 Ⅱ-2-19〉에서와 같다. 학업성취 정도에 따라 대학생활의 적응 정도는 대학적응 전체영역과 학문적응, 사회적응, 대학에 대한 애착영역에서 차이를 보였다. 특히 장애학생들이 학문적 영역에서는 가장 높은 차이를 보이고 있는데, 학업성취 정도는 전반적으로 장애대학생들의 학교적응에 영향을 미치고 있다고 볼 수 있다. 이는 대학이라는 공간이 학생들에게 학문적 성취를 요청하고 있는 곳이고, 장애대학생들도 자신의 학문적 성취 정도로 대학생활의 적응을 평가하고 있다는 것이다.

〈표 Ⅱ-2-19〉 학업성취 정도에 따른 대학생활 적응

		자승합	자유도	평균자승	F
대학적응 전 체	집단 간	3.173	2	1.587	7.446[***]
	집단 내	46.448	111	.213	
	합 계	49.621	113		
학문적응	집단 간	12.535	2	6.268	17.320[***]
	집단 내	87.210	134	.362	
	합 계	99.746	136		
사회적응	집단 간	4.484	2	2.242	6.736[***]
	집단 내	79.553	132	.333	
	합 계	84.038	134		
대학애착	집단 간	2.691	2	1.346	3.111[*]
	집단 내	104.689	135	.433	
	합 계	107.380	137		

$^*p<0.05$, $^{***}p<0.001$

〈표 Ⅱ-2-20〉 학업성취 정도에 따른 대학생활 적응 사후검증(Scheffe 검증)

		빈 도	평 균	상	중	하
대학적응	상	27	3.3174		*	**
	중	83	3.1130	*		
	하	6	2.8580	**		
	합 계	116	3.1334			
학문적응	상	29	3.4204		***	***
	중	103	2.9598	***		*
	하	6	2.5810	***	*	
	합 계	138	3.0197			
사회적응	상	29	3.3837			***
	중	101	3.1733			*
	하	6	2.8381	***	*	
	합 계	136	3.1868			

$^*p<0.05$, $^{**}p<0.01$, $^{***}p<0.001$

(4) 진로결정수준

① 장애대학생의 진로결정수준

장애대학생들의 진로결정은 자신의 진로에 대한 확신 정도와 진로에 대한 미결정 정도를 의미하는데, 진로미결정의 점수가 높을수록 자신의 진로에 대해 미결정 상태임을 나타낸다. 전반적인 분석결과는 진로 확신 정도와 진로 미결정수준은 유사하게 나타났으며, 중간정도의 수준임을 알 수 있다.

〈표 Ⅱ-2-21〉 장애대학생의 진로결정수준

	빈 도	평 균	표준편차
진로 확신	140	2.6700	.71669
진로 미결정	130	2.1885	.47238

* 진로결정수준은 4점 리커트척도로 구성되었으며, 진로확신은 점수가 높을수록 확신이 있는 정도를 의미하고, 진로미결정은 점수가 높을수록 미결정 정도가 높음을 의미한다.

② 장애대학생의 일반적 특성과 진로결정수준

장애대학생의 일반적 특성과 진로결정수준(진로확신, 진로미결정)은 성별, 학년별, 학업성취 정도에 따라 차이가 나는가를 살펴보았다. 분석결과 성별과 학년별에 따라서는 집단 간에 진로결정수준에 차이가 나타나지 않았으며, 진로결정수준의 확신과 미결정 정도는 모두 학업성취 정도에 따라 유의미한 차이를 보였다. 특히 사후검증 결과는 진로확신 정도에서는 학업성취 정도가 가장 높은 집단과 가장 낮은 집단에서 차이를 보이고 있었고, 진로 미결정 정도에서는 학업성취 정도가 높은 집단과 중간 정도의 집단과 차이를 나타내 대조를 보인다. 특히 진로 미결정 정도에서는 중간 정도나 가장 낮은 정도에서 차이를 보이지 않고 있어, 이들 수준에 있는 장애대학생의 경우 모두 자신의 진로에 대한 계획을 준비할 수 있도록 지원하는 방안이 모색되어야 함을 볼 수 있다.

〈표 Ⅱ-2-22〉 장애대학생의 학업성취 정도와 진로결정수준

	학업성취도	자승합	자유도	평균자승	F
진로확신	집단 간	4.629	2	2.314	4.797[**]
	집단 내	115.302	132	.482	
	합 계	119.931	134		
진 로 미결정	집단 간	2.437	2	1.218	5.657[**]
	집단 내	49.533	123	.215	
	합 계	51.970	125		

**p<0.01

〈표 Ⅱ-2-23〉 학업성취 정도에 따른 진로결정수준 사후검증(Scheffe 검증)

		빈 도	평 균	상	중	하
진로확신	상	29	2.8163			**
	중	104	2.6908			*
	하	7	2.2500	**	*	
	합 계	140	2.6798			
진로미결정	상	27	1.9823		**	
	중	96	2.2386	**		
	하	7	2.2222			
	합 계	130	2.1855			

*p<0.05, **p<0.01

(5) 장애대학생의 진로결정수준과 대학생활적응과의 관계

장애대학생의 대학생활 적응 정도는 진로 확신 정도와 진로 미결정 정도
에 따라 상반된 결과를 보여준다. 이는 자신의 진로에 대한 확신 정도가 높
을수록 장애대학생이 학교생활에서 사회적응이 원만하고, 이와 함께 학문적
인 부분과 대학에 대한 애착에서도 적응 정도가 높다는 것을 보여준다. 또
한 이와 반대로, 자신의 진로에 대한 미결정 정도가 높을수록 대학에 대한
애착 정도가 낮았고, 학문적응과 정서적인 부분, 사회적응 모두에서 부정적

인 상관관계가 있었다. 따라서 장애대학생의 진로결정수준이 대학생활적응과 밀접히 연관되어 있음을 보여주고 있다.

〈표 Ⅱ-2-24〉 장애대학생의 진로결정과 대학생활 적응의 상관관계

	학문적응	사회적응	정서적응	신체적응	대학애착	대학적응 전체
진로확신	.334**	.431**	.161*	.202**	.336**	.422**
진로미결정	-.325**	-.209**	-.212**	-.112	-.353**	-.335**

$^*p<0.05$, $^{**}p<0.01$.

3) 결 론

(1) 논의 및 결론

첫째, 장애대학생들의 재학 중 취업지원 서비스 이용의 전체 실적의 저조함과 서비스 내용에 있어서도 적성검사나 상담과 진로지도 등으로 제한되어 장애대학생들의 장애유형과 장애정도, 욕구에 맞는 다양한 프로그램의 개발 및 서비스를 활성화시킬 수 있는 방안이 모색될 필요가 있다. 장애대학생들은 학교가 취업에 대한 관심정도가 낮다고 인식하고 있으며, 취업을 준비하는 과정에서 해야 하는 다양한 일들을 수행하는 데 따르는 어려움들을 호소하면서 취업전담부서의 필요성을 높이 인식하고 있었다.

둘째, 장애대학생들의 전공분야가 직장선택 시 가장 우선적인 고려사항이므로, 전공분야별로 직장체험의 기회를 확대할 필요가 있을 것이다. 또한 개별적으로 자신의 전공에 대한 지식의 습득과 외국어 능력과 컴퓨터 사용 능력들을 배양할 수 있도록 학교교육의 내실화가 필요하다.

셋째, 장애대학생들의 학교생활적응에 있어서 학교에 대한 애정과 사회적 응측면이 가장 높은 점수를 보이고 있고, 학문적 적응에 있어서 상대적으로

많은 어려움을 경험하고 있음을 알 수 있다. 장애대학생들에게 대학은 생소한 경험임을 감안할 때, 사회적응적인 측면에서 겪는 어려움이 높을 수 있다고 예측할 수 있으나, 대학진학의 동기나 목표가 사회적응보다는 학문적 성취동기가 중요하게 간주된다는 것을 전제로 대학에서의 학업성취를 높일 수 있는 방안이 모색되어야 할 것이다.

넷째, 성별에 따른 대학적응은 여학생들에게 사회적응이나 신체적응에 있어서 남학생들과 차이가 있음을 알 수 있었다. 특히 사회적응 측면에서 동아리 활동이나 주거환경에 대한 적응에 어려움을 경험하고 있었고, 여학생들의 건강상태를 필요 시 상담할 수 있도록 조치를 취할 필요가 있었다.

다섯째, 학년에 따라서는 고학년으로 갈수록 사회적응이 상승하고 있음을 볼 수 있었으며, 1,2학년을 대상으로 학교생활에 적응하는 데 도움이 되는 다양한 방안이 집중적으로 제공될 필요가 있음을 확인할 수 있었다.

여섯째, 학업성취도에 따른 대학생활 적응에서는 학업성취도가 가장 높은 집단이 중간정도의 학업성취도와 낮은 수준의 학업성취도를 보이는 집단과 전체 평균, 학업에 대한 적응, 대학에 대한 애착 정도에서 고르게 차이를 보이고 있다. 이런 결과는 장애대학의 학교생활에서 학업적응이 어렵다는 점을 고려할 때, 학업성취 정도가 높을수록 대학생활에 대한 적응력을 향상시킬 수 있는 방안이 될 수 있다는 것을 보여주고 있다.

또한 학업성취도는 장애대학생들의 진로결정수준(진로확신, 진로미결정)에도 집단 간에 차이를 보이고 있어, 학업성취 정도는 대학생들의 대학생활 적응과 함께 진로결정에도 많은 영향을 주고 있다는 것을 알 수 있었다.

마지막으로, 위의 결과와 유사하게, 장애대학생들의 진로확신, 진로미결정을 표준편차를 중심으로 두 집단으로 구분하여 대학생활적응 정도를 알아본 결과, 모든 하위영역과 전체영역에서 차이를 보이고 있었다. 진로확신정도는 사회적응에서 가장 큰 차이를 보이고, 진로미결정수준은 학교에 대한 애착과 학문적응에 있어서 큰 차이를 보이는 결과를 보여 장애대학생들의 자기진로에 대한 확신이 개인적 수준에서 자존감이나 효능감에 영향을 주는 것으로 보이고, 이와 상반되게 자신의 진로에 대한 막연함과 불확실함이 학교에 대한 애착 정도와 학문적응에 부정적인 영향을 주고 있는 것으로 보인다. 상관관계의 결과도 이와 동일한 결과임을 알 수 있다.

(2) 제 언

이상의 연구결과를 토대로 본 연구에서는 다음과 같이 제언하고자 한다.

첫째, 장애대학생들의 정서적, 신체적 적응 향상을 위한 지원의 필요성이다. 장애학생들은 기숙사 생활에 대한 적응이나 친구들과의 관계, 동아리 활동 등 대학에서의 원만한 인간관계에 대해서는 어느 정도 만족하고 있으나, 대학생활에서 겪는 생활스트레스들은 장애학생들의 학교생활 적응에 어려움을 주는 요인이 될 수 있음을 보여준다. 통합교육의 주된 이점 중의 하나는 장애학생으로 하여금 비장애학생과의 상호작용을 통하여 사회성 기술을 터득하게 하고 사회적 자신감을 갖게 하는 데 있다. 그럼에도 불구하고 장애대학생들의 경우 대학생활은 기존의 일상생활과 많은 차이가 있을 수 있고, 다양한 인간관계형성 등이 사회적 관계를 확장하는 데는 기여할 수 있으나 정서적인 측면이나 신체적인 부분에서는 오히려 어려울 수 있다는 것을 의미한다고 하겠다. 따라서 통합 환경 내에서 장애학생이 비장애학생들과 더불어 대학생활에 적응하는 데는 적절한 정서적, 신체적 적응 능력이 요구되며, 학교는 이를 보완해 주고 극복하게 하기 위한 적절한 서비스를 마련해야 할 것이다.

둘째, 연구결과에서 알 수 있듯이 장애학생들은 대학선택이나 대학에 대한 만족도는 높은 반면 학문적 적응은 대학생활 적응에서 가장 어려움을 느끼고 있는 부분이었다. 즉 대학의 노력에 따라 장애학생 교육이 양적으로는 많은 성과를 보이고 있으나 질적으로는 아직 미비한 실정이며, 특히 장애학생들에 대한 교육지원체제는 아직 해결해야 할 과제가 많다는 것을 보여주고 있다.

셋째, 학생 스스로 자기에게 적합한 진로를 탐색해서 결정하도록 하는 다양한 진로결정 프로그램을 개발해서 활용해야 한다. 진로결정 프로그램은 장애학생의 장애특성과 연계되어 내용이 구성되어야 할 것이다. 또한 장애대학생들에 대한 고등교육이 이들의 재활을 구현하는 한 영역이라 볼 때, 장애학생들의 경우 자신이 가지고 있는 신체적, 정서적 적응능력의 제한점 그리고 잔존 능력을 포함한 강점이나 약점 등을 스스로 파악하지 못하는 경우가 많으므로 이들을 위한 적절한 진로지도, 직업 적성 등의 지원을 포함하는 보다 적극적이고 구체적인 취업지원 서비스가 필요하다. 즉 장애학생의 취업을 위해 진로 담당 부서를 설치하여 개인의 능력, 적성, 흥미와 인성에 알맞게 최대한으로 신장시킴으로써 인력양성의 효율화를 기하고 종합적인 교육프로그램을 지역사회와 상호관련을 갖고 수행하는 취업전략개발과 진로상담을 제공하여야 할 것이다. 장애학생 고등교육의 가시적인 성과는 독립적인 직업인으로의 성장이고, 대학은 장애학생들이 사회로 진출하기 이전의 마지막 교육과정, 교육환경이라는 점을 고려한다면 더 이상 강조할 필요가 없을 것으로 생각된다.

넷째, 대학에서의 장애학생에 대한 취업지원의 문제는 단순히 대학에서만의 문제가 아니라 사회전반적인 제도적인 뒷받침이 요구된다. 따라서 장애학생에 대한 취업지원 및 사회적 자립을 지원하기 위한 고용의 문제 등과 관련된 법적인 제도 확립을 위한 노력도 필요하다.

마지막으로 본 연구에서는 장애대학생의 대학생활 적응에 관련하여 진로결정의 영향력을 살펴보았으나 진로결정수준의 정도에만 국한하여 연구를 진행하였다. 그러므로 후속연구에서는 진로결정의 과정에서 작용하는 변인들과 대학생활적응과의 관계를 포함하여 장애유형별로 종합적으로 살펴볼 필요가 있다고 생각한다.

3. 비장애학생의 장애학생지원에 대한 의식 및 실태조사

1) 조사목적

이 연구는 나사렛대학교에 재학 중인 장애학생들의 학습 및 학교생활 지원을 위한 기초 연구로 장애학생들과 통합된 공간에서 재학하고 있는 비장애학생들의 의식조사와 의견수렴을 통하여 장애학생과 비장애학생이 함께 공감하는 지원체계를 구축하기 위한 기초 자료를 수집하는 것에 그 목적이 있다.

2) 조사방법

(1) 대상자

이 연구의 조사대상자는 나사렛대학교에 재학 중인 학생 300명을 대상으로 하였다. 이 연구의 목적인 장애학생들의 지원에 대한 비장애학생들에게 설문조사를 실시한 후 최종 272명이 분석대상이 되었다. 조사대상자들의 일반적인 특징은 〈표 Ⅱ-3-1〉과 같다.

(2) 연구기간 및 방법

이 연구의 연구기간은 2005년 9월부터 2005년 12월까지 이루어졌다. 설문지는 각 학과 중심으로 분산하여 주로 수업시간 중 담당교수에 의하여 배분하였으며, 학생들이 자기평가기입법(self-administrated method)으로 기입한 후 수거하였다

(3) 조사도구

이 연구의 설문지는 수차례의 연구위원 회의를 거쳐 연구의 목적에 적합한 문항들로 설문 문항을 선정하였으며, 필요에 따라 개방형 문항을 제시하였고 독립변인 5문항, 만족도 8문항(5점 척도 매우만족 5점, 만족 4점, 보통 3점, 불만 2점, 매우불만 1점), 학교생활과 관련된 문항 22문항으로 전체 35문항으로 구성되었다.

(4) 자료처리

이 연구의 조사대상 300명 중 불성실하거나 분석에 적합하지 않은 설문지를 제외한 272명의 자료를 coding 처리한 후 문항별로 빈도분석을 통하여 평균, 백분율 등을 산출하였다. 자료처리를 위하여 SPSS Windows 프로그램(Version 12.0)을 이용하였다.

<표 Ⅱ-3-1> 조사대상자들의 일반적인 특성

항 목	변 인	빈도(명)	백분율(%)
성	남 자	72	26.5
	여 자	200	73.5
학 년	1학년	65	24.0
	2학년	77	28.4
	3학년	61	22.5
	4학년	68	25.1
전공학부	재활학부	100	36.8
	신학부	27	9.9
	사회복지학부	36	13.2

항 목	변 인	빈도(명)	백분율(%)
전공학부	특수교육학부	10	3.7
	아동학부	36	13.2
	경영학부	12	4.4
	경찰행정학부	20	7.4
	국제학부	29	10.7
	미응답	2	0.7
주거형태	부모동거	143	52.6
	하 숙	2	0.7
	자 취	68	25.0
	기숙사	51	18.8
	친척집	1	0.4
	기 타	7	2.6
종 교	개신교	150	55.1
	불 교	17	6.3
	천주교	25	9.2
	무 교	71	26.1
	기 타	9	3.3

3) 결과

장애학생들의 지원에 대한 비장애학생들의 의식조사 및 의견수렴을 위한 이 연구에서 나타난 결과는 다음과 같다.

(1) 장애학생 지원 관련 비장애학생들의 만족도

〈표 Ⅱ-3-2〉에서와 같이 장애학생 지원에 대한 비장애학생들의 문항별 만족도 분석에서 전체 만족도 평균 3.37(± .48)로 대체적으로 만족하고 있는 것으로 나타났다. 문항별로 보면 '장애학생과의 교우관계'에 관한 문항이 3.47로 가장 높게 나타났고, '장애학생에 대한 성적 평가' 문항에서 2.98로 가장 낮게 나타났다.

<표 Ⅱ-3-2> 장애학생 지원 관련 문항별 만족도 분석

문 항	매우불만		불 만		보 통		만 족		매우만족		전체 평균
	빈도	%	빈도	%	빈도	%	빈도	%	빈도	%	
재활복지 특성화 정책	3	1.1	21	7.8	124	46.3	110	41.0	10	3.7	3.38
장애학생 지원정책 및 서비스	4	1.5	33	12.3	124	46.3	96	35.8	11	4.1	3.29
장애학생과의 통합강의	7	2.6	27	10.1	110	41.0	111	41.4	13	4.9	3.36
장애학생의 태도	2	0.7	24	9.0	133	49.6	95	35.4	14	5.2	3.35
장애학생의 성적 평가	12	4.5	42	15.7	158	59.2	50	18.7	5	1.9	2.98
장애학생과의 교우관계	–	–	13	4.9	127	47.7	113	42.5	13	4.9	3.47
장애학생의 편의시설 설치	5	1.9	49	18.4	115	43.2	84	31.6	13	4.9	3.19
직원들의 장애학생에 대한 태도	12	4.5	31	11.7	142	53.4	77	28.9	4	1.5	3.11
전체 만족도	인원 269명 평균 3.37(± .48)										

〈표 Ⅱ-3-3〉과 〈그림 Ⅱ-3-1〉에서와 같이 소속 학부에 따른 문항별 만족도 분석 결과 경찰행정학, 특수교육학부, 아동학부, 사회복지학부 순으로 높게 나타났으며, 재활학부는 가장 낮게 나타났다.

<표 Ⅱ-3-3> 소속 학부에 따른 문항별 만족도 결과

학부			특성화 정책	지원 정책	통합 강의	장애학생 태도	장애학생 평가	장애학생 과의관계	편의 시설	직원 태도
재활 학부	N	유효	100	100	100	99	100	100	99	99
		결측	0	0	0	1	0	0	1	1
	평균		3.31	3.14	3.35	3.28	2.95	3.58	3.08	2.94
신학부	N	유효	27	27	27	27	27	27	27	27
		결측	0	0	0	0	0	0	0	0
	평균		3.41	3.30	3.15	3.37	3.00	3.44	3.07	3.22

학부			특성화 정책	지원 정책	통합 강의	장애학생 태도	장애학생 평가	장애학생 과의관계	편의 시설	직원 태도
사회 복지 학부	N	유효	36	36	36	36	36	35	35	35
		결측	0	0	0	0	0	1	1	1
	평균		3.47	3.22	3.78	3.53	2.97	3.63	3.03	2.94
특수 교육 학부	N	유효	10	10	10	10	10	10	10	10
		결측	0	0	0	0	0	0	0	0
	평균		3.70	3.70	3.30	3.40	3.20	3.20	3.10	3.00
아동 학과	N	유효	36	36	36	36	35	36	36	36
		결측	0	0	0	0	1	0	0	0
	평균		3.50	3.33	3.36	3.50	2.89	3.42	3.31	3.36
경영 학부	N	유효	11	11	11	11	11	11	11	11
		결측	1	1	1	1	1	1	1	1
	평균		3.18	3.55	3.00	3.27	2.91	3.36	3.64	3.09
경찰 행정 학과	N	유효	19	19	19	20	19	18	19	19
		결측	1	1	1	0	1	2	1	1
	평균		3.47	3.68	3.37	3.35	3.05	3.17	3.58	3.32
국제 학부	N	유효	28	28	28	28	28	28	28	28
		결측	1	1	1	1	1	1	1	1
	평균		3.29	3.32	3.18	3.18	3.04	3.32	3.39	3.43

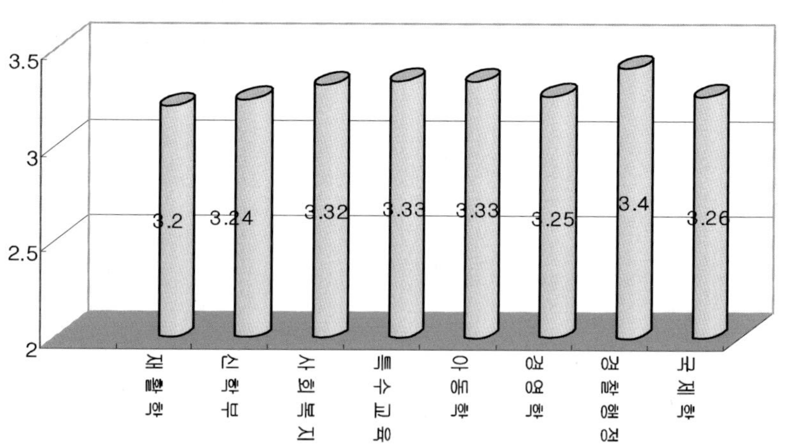

〈그림 Ⅱ-3-1〉 소속 학부별 만족도 결과

(2) 장애학생 지원 관련 학교생활 관련 문항 분석결과

① 비장애학생들의 대학진학 목적

〈표 Ⅱ-3-4〉와 같이 비장애학생들의 진학 목적을 보면, 1순위에서는 전문지식, 소질개발, 직업 등의 순으로 나타났으며, 2순위에서는 소질개발, 전문지식, 직업 등의 순으로 나타났고, 3순위에서는 대인관계, 전문지식, 소질개발, 직업, 사회적 대우 등의 순으로 목적이 되었다. 전체적으로 전문지식과 소질개발, 직업 등이 우선적인 진학 목적이라고 할 수 있다.

〈표 Ⅱ-3-4〉 비장애학생들의 진학 목적

문 항	1순위		2순위		3순위	
	빈도(명)	백분율(%)	빈도(명)	백분율(%)	빈도(명)	백분율(%)
전문지식	128	**49.0**	50	20.0	32	12.9
소질개발	57	21.8	96	**38.4**	32	12.9
교양함양	2	0.8	11	4.4	15	6.0
직 업	39	14.9	41	16.4	32	12.9
사회적 대우	12	4.6	20	8.0	32	12.9
자아만족	7	2.7	6	2.4	28	11.2
대인관계	5	1.9	21	8.4	47	**18.9**
사회경험	10	3.8	5	2.0	29	11.6
기 타	1	0.4	−	−	2	0.8
합 계	261	100.0	250	100.0	249	100.0

② 졸업 후의 진로 선택 계획

〈표 Ⅱ-3-5〉와 같이 졸업 후의 진로 선택 계획에서 '취업'이 61.7%로 가장 높게 나타났고, '모르겠다'는 응답은 15.8%, '대학원 진학'이 14.3%, '유학' 8.3%로 나타났다.

<표 Ⅱ-3-5> 졸업 후의 진로 선택 계획

문 항	빈도(명)	백분율(%)
취 업	164	**61.7**
대학원	38	14.3
유 학	22	8.3
모르겠다	42	15.8
합 계	266	100.0

③ 친한 장애학생 유무

〈표 Ⅱ-3-6〉에서 친한 학우 중 장애학생이 있는지에 관한 질문에 50.7%가 '있다'로 대답하여 높은 수치를 보였다.

<표 Ⅱ-3-6> 친한 학우 중 장애학생이 있는가?

문 항	빈도(명)	백분율(%)
있 다	138	50.7
없 다	134	49.3
합 계	272	100.0

④ 장애와 관련된 교과 수강 여부

〈표 Ⅱ-3-7〉에서 장애와 관련된 교과 수강 여부에 관한 질문에 46.3%가 '있다', 30.4%가 '많다'로 대답하여 많은 학생이 수강한 것으로 나타났다. 또한 장애관련교과를 많이 수강한 학생들의 장애학생 지원 만족도가 가장 높게 나타났다.

<표 Ⅱ-3-7> 장애와 관련된 교과 수강 여부

문 항	빈도(명)	백분율(%)	장애학생 지원 만족도
많 다	82	30.4	3.33
있 다	125	**46.3**	3.23
없 다	63	23.3	3.25
합 계	270	100.0	3.27

⑤ 교내봉사나 실습 경험 여부

〈표 Ⅱ-3-8〉에서 교내 봉사나 실습 경험 여부에 관한 질문에 40.2%가 '거의 없다', 28.8%가 '없다', '가끔' 23.6%, '많다' 7.4%로 응답한 것으로 나타났다. 또한 장애학생 지원 만족도는 교내봉사 활동이 많을수록 낮게 나타났다.

〈표 Ⅱ-3-8〉 교내봉사나 실습 경험 여부

문 항	빈도(명)	백분율(%)	장애학생 지원 만족도
많 다	20	7.4	3.12
가 끔	64	23.6	3.20
거의 없다	109	**40.2**	3.30
없 다	78	28.8	3.31
합 계	271	100.0	3.27

⑥ 교내봉사나 실습 활동내용

〈표 Ⅱ-3-9〉에서 교내봉사나 실습 활동의 내용을 보면, 이동도우미, 대필도우미, 문자통역, 수화통역, 자원봉사, 워드도우미, 식사보조, 각종봉사활동 등의 순으로 교내봉사나 실습 활동에 참여한 것으로 나타났다.

〈표 Ⅱ-3-9〉 교내봉사나 실습 활동내용(명)

이동도우미(13), 대필도우미(8), 문자통역(5), 수화통역(5), 자원봉사(4), 워드도우미(3), 식사보조(3), 각종봉사활동(3), 발달장애아보조(2), 사회봉사(2), 장애인의 날 세미나 준비(2), 시험대필(2), 장애인캠프(2), 장애청소년프로그램, 장애학생도우미(2), 운동보조(2), 장애아동 보조(2), 특수학급실습(2), 보치아 보조, 실습봉사, 야학선생님, 식사보조, 인턴, 자립훈련도우미, 장애돌보기, 장애아동학교 행사인솔, 장애인목욕, 장애인부모교육, 좌담회, 점역, 점자교육 및 훈련, 하루 동안 놀아주기, 학업보조, 가사도우미, 길안내, 동아리 봉사활동, 활동도우미 세미나, 생활보조 등

⑦ 교내 봉사활동 기간

〈표 Ⅱ-3-10〉의 교내 봉사활동 기간을 보면, '4-6개월'이 43.0%, '요청 시 가끔'이 25.3%, '1-3개월' 10.1%, '7-12개월' 7.6% 순으로 나타났다.

〈표 Ⅱ-3-10〉 교내 봉사활동 기간

문 항	빈도(명)	백분율(%)
요청 시 가끔	20	25.3
1개월 이하	5	6.3
1-3개월	8	10.1
4-6개월	34	**43.0**
7-12개월	6	7.6
1-2년	3	3.8
3년 이상	3	3.8
합 계	79	100.0

⑧ 외부봉사나 실습 경험 여부

〈표 Ⅱ-3-11〉의 외부봉사나 실습 경험 여부를 보면, '가끔'이 39.0%, '거의 없다'가 23.9%, '많다' 22.4%, '없다' 14.7% 순으로 나타났다.

〈표 Ⅱ-3-11〉 외부봉사나 실습 경험 여부

문 항	빈도(명)	백분율(%)
많 다	61	22.4
가 끔	106	**39.0**
거의 없다	65	23.9
없 다	40	14.7
합 계	272	100.0

⑨ 장애학생을 대할 때의 불편함 여부

〈표 Ⅱ-3-12〉의 장애학생을 대할 때의 불편함 여부를 보면, '있다'

38.3%, '없다' 61.7% 로 나타나 불편함이 없다고 응답한 학생비율이 높았다.

<표 Ⅱ-3-12> 장애학생을 대할 때의 불편함 여부

문 항	빈도(명)	백분율(%)
있 다	100	38.3
없 다	161	**61.7**
합 계	161	100.0

⑩ 장애학생을 대할 때의 불편한 사항

<표 Ⅱ-3-13>의 장애학생을 대할 때의 불편한 사항은 의사소통(20), 어떻게 대해야 할지 모르겠다(11), 너무 많이 챙겨주길 원함 / 의존적(8), 청각장애인과 의사소통(7), 대화하기 힘들고 이해하기 어렵다(4), 말 걸기 힘들다(3), 고집이 세다(2), 다가가는 방법을 모르겠다(2), 수업 시 딴소리하며 방해(2) 순으로 나타났다.

<표 Ⅱ-3-13> 장애학생을 대할 때의 불편한 사항(명)

의사소통(20), 어떻게 대해야 할지 모르겠다(11), 너무 많이 챙겨주길 원함 / 의존적(8), 청각장애인과 의사소통(7), 대화하기 힘들고 이해하기 어렵다(4), 말 걸기 힘들다(3), 고집이 세다(2), 다가가는 방법 모르겠다(2), 수업 시 딴소리하며 방해(2), 대하기가 껄끄럽다, 그냥 불편함, 거절하기가 어렵다, 그들이 거부감을 느낀다, 말할 때 실수하는 경우가 있다, 장애학우에 대한 케어법 교육 부족, 봉사해야 한다는 것, 무거운 학생 혼자 도와줄 때, 무리한 부탁을 할 때, 무시한다고 생각하고 말할 때, 생각 없이 말을 하여 상처받을까, 선입견을 갖고 본다, 선천적병이 갑자기 발생했을 때, 수업진행이 어려울 때, 스쿨버스 타고 내릴 때, 식당 들어갈 때, 어떤 말과 배려를 해도 동정하는 것 같다, 에티켓 의사소통, 다가가기 어려움, 기기 사용법 몰라 도움 못 줌, 이기적인 모습, 장애를 이해 못해 상처 줄까 봐, 도움을 받는 것을 당연히 생각함, 장애친구의 심리적 문제에 부딪쳤을 때, 장애학생들이 피하는 것 같다, 장애학생이 할 수 있어도 요구한다, 접근하기 어렵다, 정신장애 감당어려움, 정신지체인과 생활하기 힘들다, 정신지체인과 수업을 들으면 집중 안 됨, 정신지체인 매우 불편함, 조심스럽다, 체력부족, 편애 등

⑪ 장애학생과의 통합된 강의를 통해 얻는 유익

〈표 Ⅱ-3-14〉와 〈그림 Ⅱ-3-2〉에서 장애학생과의 통합된 강의를 통해 얻는 유익은 '인식개선' 69.1%, '봉사와 희생정신' '약자배려' 7.9%, '장애 전문지식' 6.4% 순으로 나타나 주로 인식개선의 유익이 큰 것으로 나타났다.

〈표 Ⅱ-3-14〉 장애학생과의 통합된 강의를 통해 얻는 유익

문 항	빈도(명)	백분율(%)
인식개선	183	**69.1**
봉사와 희생	21	7.9
교우관계	20	7.5
약자배려	21	7.9
장애 전문 지식	17	6.4
기 타	3	1.1
합 계	265	100.0

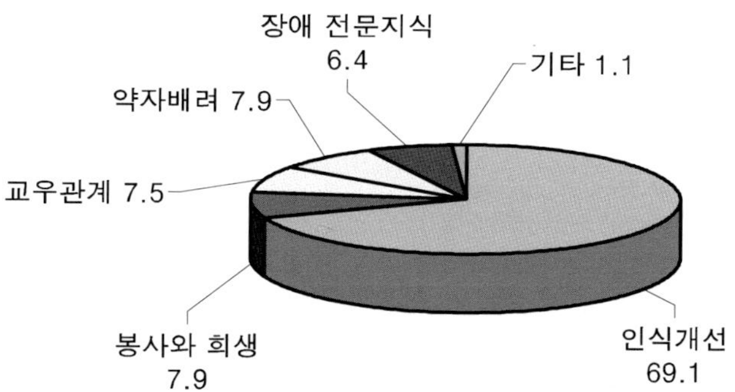

〈그림 Ⅱ-3-2〉 장애학생과의 통합된 강의를 통해 얻는 유익

⑫ 장애학생과의 통합강의의 불편 여부

〈표 Ⅱ-3-15〉에서 장애학생과의 통합된 강의를 할 때의 불편 여부에 대한 질문에 '없다' 69.4%, '있다' 30.6%로 많은 수가 큰 불편이 없다고 응답하였다.

<표 Ⅱ-3-15> 장애학생과의 통합 강의의 불편 여부

문 항	빈도(명)	백분율(%)
있 다	79	30.6
없 다	179	**69.4**
합 계	272	100.0

⑬ 장애학생과의 통합 강의의 불편한 내용

<표 Ⅱ-3-16>에서 장애학생과의 통합된 강의를 할 때의 불편한 내용으로 1순위로는 '수업방해' 35.2%, '성적평가' 25.0%로 나타났다. 2순위는 '수업방해' 24.2%, '수업지연' 22.0%로 나타났으며, 3순위에서는 '기자재 부족'과 '교수법 부족'이 22.2%로 나타났다.

<표 Ⅱ-3-16> 장애학생과의 통합 강의의 불편한 내용

문 항	1순위 빈도(명)	1순위 백분율(%)	2순위 빈도(명)	2순위 백분율(%)	3순위 빈도(명)	3순위 백분율(%)
성적평가	27	**25.0**	9	9.9	13	16.0
수업지연	18	16.7	20	**22.0**	9	11.1
수업방해	38	**35.2**	22	**24.2**	12	14.8
장학혜택	3	2.8	6	6.6	8	9.9
부담과 불쾌감	3	2.8	5	5.5	3	3.7
기자재 부족	9	8.3	17	18.7	18	**22.2**
교수법 부족	8	7.4	12	13.2	18	**22.2**
기 타	2	1.9	–	–	–	–
합 계	108	100.0	91	100.0	81	100.0

⑭ 장애학생을 위한 행정서비스 개선 사항

<표 Ⅱ-3-17>에서 장애학생을 위한 행정서비스 개선 사항으로 1순위는 '강의대필 도우미' 35.2%, '수강 시 도우미' 16.3%로 나타났다. 2순위는 '강

의자료 도우미' 24.5%, '강의대필 도우미' 15.8%로 나타났으며, 3순위에서는 '장애인식 프로그램' 27.8%, '장애지원 센터 설치'가 15.7%로 나타났다.

〈표 Ⅱ-3-17〉 장애학생을 위한 행정서비스 개선 사항

문 항	1순위		2순위		3순위	
	빈도 (명)	백분율 (%)	빈도 (명)	백분율 (%)	빈도 (명)	백분율 (%)
수강시 도우미	41	16.3	12	5	14	6.1
강의대필 도우미	76	**30.3**	38	15.8	21	9.1
장애지원센터 설치	37	14.7	29	12	36	15.7
강의 자료 도우미	20	8.0	59	**24.5**	27	11.7
스쿨버스	33	13.1	25	10.4	14	6.1
기숙사 이용과 도우미	8	3.2	26	10.8	25	10.9
전산실 이용	3	1.2	17	7.1	15	6.5
장애인식프로그램	28	11.2	31	12.9	64	**27.8**
증명서 발급 도우미	3	1.2	4	1.7	11	4.8
기 타	2	0.8	−	−	3	1.3
합 계	251	100.0	241	100.0	230	100.0

⑮ 도우미나 보조요원제도의 정착을 위해서 필요한 사항

〈표 Ⅱ-3-18〉에서 도우미나 보조요원제도의 정착을 위해서 필요한 사항은 '도우미 학점인정' 39.5%, '유료도우미' 38.0%, '무료도우미' 20.9%로 나타났다.

〈표 Ⅱ-3-18〉 도우미나 보조요원제도의 정착을 위해서 필요한 사항

문 항	빈도(명)	백분율(%)
유료도우미	98	38.0
무료도우미	54	20.9
도우미 학점인정	102	**39.5**
기 타	4	1.6
합 계	258	100.0

⑯ 보조요원 및 봉사제도의 문제점 및 개선점

〈표 Ⅱ-3-18〉에서 도우미나 보조요원제도의 문제점 및 개선점은 장애인 식과 충분한 교육 후 지원(10), 제도에 그침/형식적 지원(7), 보조요원 수 부족(6), 도우미들의 가식적인 태도(4), 보조금 지급(4), 시험기간 보 조요원 활동 어려움(3), 학점제 인정(3), 보조요원 어려움 상담할 곳 없음 (2), 장애학생의 태도문제(2), 체계적이지 못하다(2), 도우미 의존경향 낮 춰야 한다(2) 순으로 나타났다.

〈표 Ⅱ-3-19〉 보조요원 및 봉사제도의 문제점 및 개선점 (명)

장애인식과 충분한 교육 후 지원(10), 제도에 그침/형식적 지원(7), 보조요원 수부족(6), 도우미들의 가식적인 태도(4), 보조금 지급(4), 시험기간 보조요원 활동 어려움(3), 학점제 인정(3), 보조요원 어려움 상담할 곳 없음(2), 장애학생의 태도문제(2), 체계적이지 못하다(2), 도우미 의존경향 낮춰야 한다(2), 책임감 없는 도 우미, 돈만 밝히는 사람 다수, 연계부족, 유급으로 하여 목적성상실, 유료를 시행하다 보니 봉사의 모습 쇠퇴, 의사소통전달에서 오해가 많다, 정신지체인 여가생활지원, 정 작 필요할 때 없다, 편의시설 제공, 학기 내 연계, 확실한 모니터링 실시, 희생봉사 강 요, 봉사활동 같은 형태로 이루어짐, 시간을 많이 빼앗긴다, 공강 일은 도우미 활동에 인정되지 않는다, 기숙사 장애인 서비스 확대제공, 장애인을 위한 스쿨버스, 장애학우 와 친밀도, 정보활동 보조, 친목, 학교의 지원이 없다, 학업뿐 아니라 다방면으로 연계, 학우들의 선입견 해소 등

---

⑰ 장애학생이 겪는 학교생활의 어려움

〈표 Ⅱ-3-20〉에서 장애학생이 겪는 학교생활의 어려움으로 1순위는 '수 업정보 전달' 46.6%, '기자재 부족' 13.3%로 나타났다. 2순위는 '취업' 19.2%, '학교시설 이용' '기자재 부족' 16.7%로 나타났으며, 3순위에서는 '이동과 경제적 문제' 16.5%, '취업'이 15.2%로 나타났다.

〈표 Ⅱ-3-20〉 장애학생이 겪는 학교생활의 어려움

문 항	1순위		2순위		3순위	
	빈도 (명)	백분율 (%)	빈도 (명)	백분율 (%)	빈도 (명)	백분율 (%)
수업정보전달	116	**46.6**	29	12.1	20	8.7
기자재 부족	33	13.3	40	16.7	24	10.4
성적관리	14	5.6	23	9.6	20	8.7
학교시설 이용	25	10.0	40	16.7	22	9.6
제반서류 이용	5	2.0	11	4.6	6	2.6
취 업	19	7.6	46	**19.2**	35	15.2
대인관계	17	6.8	26	10.9	30	13.0
이동, 경제적 문제	11	4.4	16	6.7	38	**16.5**
교수, 조교 관계	–	–	4	1.7	7	3.0
동아리, 여가	7	2.8	4	1.7	28	12.2
기 타	2	0.8	–	–	–	–
합 계	249	100.0	239	100.0	230	100.0

⑱ 장애학생이 겪는 학업 외의 생활면의 어려움

〈표 Ⅱ-3-21〉에서 장애학생이 겪는 학업 외 생활면의 어려움으로 '교내
행사' 30.4%, 'MT' 27.1%, '실습활동' 16.7% 등의 순으로 나타났다.

〈표 Ⅱ-3-21〉 장애학생이 겪는 학업 외 생활면의 어려움

문 항	빈도(명)	백분율(%)
동아리	13	5.4
기숙사 생활	23	9.6
교내행사	73	**30.4**
실습활동	40	16.7
MT	65	27.1
기 타	26	10.8
합 계	240	100.0

⑲ 장애지원 부서를 이용해 본 경험

〈표 Ⅱ-3-22〉에서 장애지원 부서를 이용해 본 경험이 '없다' 71.4%, '있다' 28.6% 등의 순으로 이용 경험이 대부분 없는 것으로 나타났다.

〈표 Ⅱ-3-22〉 장애지원 부서를 이용해 본 경험

문 항	빈도(명)	백분율(%)
있 다	76	28.6
없 다	190	**71.4**
합 계	266	100.0

⑳ 장애학생을 위해 할 수 있는 일

〈표 Ⅱ-3-23〉에서 장애학생을 위해 할 수 있는 일을 묻는 질문에 휠체어 밀어주기(28), 수업보조(26), 이동보조(23), 도움을 청할 때 도와준다(14), 대필(13), 친구되기(13), 대화상대(10), 길안내(10), 불편사항도움(10), 편견/차별 없이 대한다(10), 엘리베이터 도와주기(9), 문자통역(7), 장애인을 이해(6), 어려운 일 도와주기(5), 배려(5), 식사보조(4), 안내양보(4), 수화통역(4), 봉사(3), 활동보조(3), 무거움 짐 들어주기(3), 자원봉사(2), 시각장애 길안내(2), 작은 것에 도움 줌(2), 시험대필(2), 따뜻한 대우(2), 강의실 안내(2) 등의 순으로 나타났다.

〈표 Ⅱ-3-23〉 장애학생을 위해 할 수 있는 일 두 가지 (명)

휠체어 밀어주기(28), 수업보조(26), 이동보조(23), 도움을 청할 때 도와준다(14), 대필(13), 친구되기(13), 대화상대(10), 길안내(10), 불편사항 도움(10), 편견/차별 없이 대한다(10), 엘리베이터 도와주기(9), 문자통역(7), 장애인을 이해(6), 어려운 일 도와주기(5), 배려(5), 식사보조(4), 안내양보(4), 수화통역(4), 봉사(3), 활동보조(3), 무거움 짐 들어주기(3), 자원봉사(2), 시각장애 길안내(2), 작은 것에 도움 줌(2), 시험대필(2), 따뜻한 대우(2), 강의실 안내(2), 간단한 도우미 활동, 관심 갖기, 급한 위생활동 도움주기, 길 비켜 주기, 길 양보, 내가 할 수 있는 일이면 무엇이든지, 대리시험, 대중교통 도움주기, 모르는 것 가르쳐 줌, 몸을 도와주는 정도, 문자대필, 생활보조, 수업정보공유, 스스로 할 수 있도록, 시간될 때 도와줌, 신체적 도움, 이해해 주는 것, 인식개선, 자립심 키워주기, 화장실에서 도와주기와 길안내, 인사하기, 일반인과 다른 특별한 성적평가 등

㉑ 장애학생과의 대학생활 적응 프로그램에 참여할 의사

〈표 Ⅱ-3-24〉에서 장애학생과의 대학생활 적응 프로그램에 참여할 의사를 묻는 질문에 '있다' 74.4%, '없다' 25.6%로 많은 학생이 긍정적으로 생각하고 있는 것으로 나타났다.

〈표 Ⅱ-3-24〉 장애학생과의 대학생활 적응 프로그램에 참여할 의사

문 항	빈도(명)	백분율(%)
있 다	195	**74.4**
없 다	67	25.6
합 계	262	100.0

㉒ 대학생활 적응 프로그램에 참여할 의사가 없는 이유

〈표 Ⅱ-3-25〉에서 대학생활 적응 프로그램에 참여할 의사가 없는 이유는 바쁘다(7), 취업준비로 바쁘다(5), 관심부족(3), 이유 없이 싫다(3), 생각해 본 적 없다(2), 장애아동과 함께 하는 것 안 좋아함(2), 필요성 못 느낌(2) 등의 순으로 나타났다.

〈표 Ⅱ-3-25〉 대학생활 적응 프로그램에 참여하지 않는 이유 (명)

바쁘다(7), 취업준비로 바쁘다(5), 관심부족(3), 이유 없이 싫다(3), 생각해 본 적 없다(2), 장애아동과 함께하는 것 안 좋아함(2), 필요성 못 느낌(2), 같이 학교생활하면 자연히 알게 됨, 도움 안 됨, 돌발행동을 제지할 능력부족, 동등하기 때문에 프로그램 자체가 이해 안 감, 몸이 불편해도 평범한 사람처럼 인식하고 대함, 장애학생에 대한 시설대응책과 프로그램 개선, 친한 친구 중에 장애학생이 없어서, 프로그램 내용보고 결정, 학교에서 같이 지내는 것만으로 충분, 재미없고 억지로 시킴, 한두 번 참여로 장애인에 대한 인식변화 없음 등

㉓ 대학생활 적응 프로그램이 필요한 영역

〈표 Ⅱ-3-26〉에서 대학생활 적응 프로그램이 필요한 영역은 '장애의 이해와 적응향상' 49.0%, '대인관계 향상' 22.4%, '학습방법 향상' 18.1%,

'봉사활동 지원' 9.3%로 나타나 많은 학생들이 장애의 이해와 인식에 대한 교육이 가장 필요하다고 생각하는 것으로 나타났다.

<표 Ⅱ-3-26> 대학생활 적응 프로그램이 필요한 영역

문 항	빈도(명)	백분율(%)
대인관계 향상	58	22.4
학습방법 향상	47	18.1
봉사활동 지원	24	9.3
장애의 이해와 적응향상	127	**49.0**
기 타	3	1.2
합 계	259	100.0

4) 논 의

이 연구의 목적인 나사렛대학교 재학 중인 장애학생들의 학습 및 학교생활 지원에 대한 비장애학생들의 의식조사와 의견수렴을 통하여 발전된 지원체계를 구축하기 위한 기초 자료 수집에 대한 결과를 토대로 이루어진 논의는 다음과 같다.

(1) 장애학생 지원 관련한 비장애학생들의 만족도

장애학생 지원에 대한 비장애학생들의 문항별 만족도 분석에서 전체 만족도 평균 3.37(± .48)로 대체적으로 만족하고 있는 것으로 나타났다. 문항별로 보면 '장애학생과의 교우관계'에 관한 문항이 3.47로 가장 높게 나타났고, '장애학생에 대한 성적 평가' 문항에서 2.98로 가장 낮게 나타났다. 소속 학부에 따른 문항별 만족도 분석 결과 경찰행정학, 특수교육학부, 아동학부, 사회복지학부 순으로 높게 나타났으며, 재활학부는 가장 낮게 나타났다. 학생들의 복지와 지원책에 대한 만족은 전반적으로 부정적으로 응답함을 고려할 때 이러한 결과는 나사렛대학교의 장애학생 지원에 대해서 비장애학생들은 전반적으로 만족하고 있다고 할 수 있다. 학과별 분석 결과는 장애를 직접 전공하고 있는 재활학부에서 가장 낮은 만족도를 나타내고 있어서 더욱 깊이 있는 정책적 보완을 요구하고 있는 것으로 시사하고 있다. 조사대상자 선정 과정에서 각 학과의 학생 수를 감안하지 못한 부분이 이 조사의 제한점이라고 할 수 있겠다. 그동안 나사렛대학교가 재활복지 특성화 전략으로 장애학생에 대한 다양한 학습지원 개발과 학내 시설물 설치 및 개조, 적극적인 특성화 정책이 비장애학생들에게 긍정적인 영향을 가져온 결과인 것으로 사료된다.

(2) 장애학생 지원 관련 학교생활 관련 문항 분석결과

우선 나사렛대학교의 비장애학생들의 진학 목적은 전문지식 및 소질개발을 쌓아 취업 및 직업선택의 길을 찾고 싶어 하는 것으로 나타나 이에 대한 학과 운영과 실질적인 교과과정 운영이 필요하며, 장애학생들과의 학교생활에 있어서도 과반수의 학생이 친한 장애학생이 있는 것으로 응답하여 긍정적인 교우관계를 형성하는 것으로 추정할 수 있다. 이는 나사렛대학교의 장애학생이 222명(2005년 2학기 기준)으로 비율 면에서 전국 최고를 자랑하고 있으며, 학교의 재활복지부문 특성화 전략으로 장애학생과의 다양한 교류가 이루어진 결과로 판단된다.

둘째, 교내 봉사나 실습 경험 여부에 관한 질문에 40.2%가 '거의 없다', 28.8%가 '없다'로 나타나 다양한 봉사 및 실습 프로개발이 필요할 것으로 보인다. 특히 상당수의 봉사 내용을 보면, 이동도우미(13), 대필도우미(8), 문자통역(5), 수화통역(5), 자원봉사(4), 워드도우미(3), 식사보조(3), 각종 봉사활동(3), 발달장애아보조(2), 사회봉사(2), 장애인의 날 세미나 준비(2), 시험대필(2) 등 점자음성전자교육정보센터나 자립생활지원센터를 중심으로 이루어지고 있으므로 이 기관을 중심으로 더욱 심화된 프로그램 개발과 운영이 필요하며, 아울러 교내 관련 센터 및 연구소를 중심으로 프로그램 개발이 이루어져야 할 것이다. 결과에서 교내 봉사나 실습 경험이 많을수록 장애학생 지원 만족도 점수가 낮은 것은 봉사나 실습활동을 통하여 장애학생 입장에서 어려움과 불편을 더 많이 느낀 이유라 사료된다.

셋째, 장애학생을 대할 때의 불편함 여부에서는 '있다' 38.3%, '없다' 61.7%로 나타나 불편함이 없다고 응답한 학생이 높았다. 불편한 이유는 의사소통(20), 어떻게 대해야 할지 모르겠다(11), 너무 많이 챙겨주길 원함 / 의존적(8), 청각장애인과 의사소통(7), 대화하기 힘들고 이해하기 어렵다(4), 말 걸기 힘들다(3), 고집이 세다(2), 다가가는 방법 모르겠다(2) 등으로 주로 의사소통의 문제나 장애이해 및 인식개선과 관련된 이유가 많았다. 따라서 장애학생지원 부서의 장애학생 학습지원(점자지원, 수화통역 등)이 원활하게 이루어져야 하며 비장애학생과 장애학생들에 대한 장애이해 교육 및 장애인식 개선을 위한 교육 및 프로그램 개발이 필요할 것으로 보인다.

넷째, 장애학생과의 통합된 강의를 통해 얻는 유익은 '인식개선' 69.1%, '봉사와 희생정신' '약자배려' 7.9%, '장애 전문지식' 6.4% 순으로 나타나 주로 인식개선의 유익이 큰 것으로 나타났다. 또한 장애학생과의 통합된 강의를 할 때의 불편 여부에 대한 질문에 '없다' 69.4%, '있다' 30.6%로 많은 수가 큰 불편이 없다고 응답하였다. 따라서 통합된 강의는 비장애학생들에게 불편하기보다는 인식개선과 장애 교육면에서 긍정적으로 나타나 더욱 권장된다고 할 수 있다. 장애학생과의 통합된 강의를 할 때의 불편한 내용으로는 '수업방해', '성적평가', '수업지연', '교수법 및 기자재 부족' 등으로 응답하였다. 수업방해나 지연은 주로 특정학습장애에 관한 부분으로 추정되며 이에 대한 향후 대책 마련이 강구되는 부분이다. 또한 강의 지원을 위한 교수법과 다양한 기자재 지원이 아울러 이루어져야 할 부분이다.

다섯째, 장애학생을 위한 행정서비스 개선 사항으로 '강의대필 도우미', '강의자료 도우미', '장애인식 프로그램 실시' 등으로 나타났다. 직원들의 장애학생에 대한 태도 문항이 만족도에서 가장 낮게 나타난바 더욱 행정서비스 개선이 요구된다. 특히 강의와 관련된 개선사항의 요구가 가장 많아 관련 부처의 지원이 강화되어야 하며, 교내 각 행정부서 직원들의 장애인식교육이나 프로그램의 실시로 장애학생들에 대한 행정서비스 지원이 원활하게 이루어지게끔 개선되어야 할 것으로 사료된다.

여섯째, 도우미나 보조요원제도의 정착을 위해서 필요한 사항은 '도우미학점인정' 39.5%, '유료도우미' 38.0%로 나타났다. 현재 유료도우미 제도가 실시되고 있으므로 지원 강화가 필요하며 단순 봉사에 그치지 않게 하기 위하여 학점 인정제도의 긍정적인 제도 검토가 필요할 것으로 보인다. 교내 사회봉사센터와 각 학과와 연계하여 도우미나 보조요원제도의 학점인정 문제를 사회봉사실습의 학점 인정제도와 연계하는 방안도 필요할 것으로 보인다. 문제점 및 개선점은 장애인식과 충분한 교육 후 지원(10), 제도에 그침 / 형식적 지원(7), 보조요원 수 부족(6), 도우미들의 가식적인 태도(4), 보조금 지급(4), 시험기간 보조요원 활동 어려움(3), 학점제 인정(3), 보조요원 어려움 상담할 곳 없음(2) 등 다양한 의견을 제시하였다. 특히 장애에 대한 교육과 비장애학생 도우미들의 고충을 상담하는 상담요원의 필요성이 제기되어 이에 대한 배려가 필요할 것으로 사료된다.

일곱째, 장애학생이 겪는 학교생활의 어려움으로 '수업정보 전달', '취업', '학교시설 이용' '기자재 부족', '이동과 경제적 문제' 등으로 나타났다. 학업 외 생활면의 어려움으로 '교내행사', 'MT', '실습활동' 등의 순으로 나타났다. 장애지원 부서를 이용해 본 경험이 '없다' 71.4%, '있다' 28.6% 등의 순으로 이용 경험이 대부분 없는 것으로 나타났다. 현재 나사렛대학교의 점자음성전자교육정보센터나 자립생활지원센터, 재활생활체육연구소 등 장애학생 지원 부서의 적극적인 활동과 더불어 비장애학생들을 대상으로 하는 장애이해 및 인식교육 프로그램 운영이 적극 필요할 것으로 사료된다. 한편 장애학생을 위해 할 수 있는 일을 묻는 질문에 휠체어 밀어주기(28), 수업보조(26), 이동보조(23), 도움을 청할 때 도와준다(14), 대필(13), 친구되기(13), 대화상대(10), 길안내(10), 불편사항 도움(10), 편견 / 차별 없이 대한다(10), 엘리베이터 도와주기(9), 문자통역(7), 장애인을 이해(6), 어려운 일 도와주기(5), 배려(5), 식사보조(4), 안내양보(4), 수화통역(4), 봉사(3), 활동보조(3), 무거움 짐 들어주기(3), 자원봉사(2), 시각장애 길안내(2), 작은 것에 도움 줌(2), 시험대필(2), 따뜻한 대우(2), 강의실 안내(2) 등 다양하게 나타나 비장애학생들이 적극적으로 참여할 수 있는 다양한 봉사 및 실습 프로그램 개발이 필요할 것으로 판단된다.

　여덟째, 장애학생과의 대학생활 적응 프로그램에 참여할 의사를 묻는 질문에 '있다' 74.4%, '없다' 25.6%로 많은 학생이 긍정적으로 생각하고 있는 것으로 나타났다. 또한 참여할 의사가 없는 이유는 바쁘다(7), 취업준비로 바쁘다(5), 관심부족(3), 이유 없이 싫다(3), 생각해 본 적 없다(2) 등의 순으로 시간적 이유가 가장 많았다. 그리고 적응 프로그램이 필요한 영역은 '장애의 이해와 적응향상' 49%, '대인관계 향상' 22.4%, '학습방법 향상' 18.1%, '봉사활동 지원' 9.3%로 나타나 많은 학생들이 장애의 이해와 인식에 대한 교육이 가장 필요하다고 답변하였다. 앞서 지적한 대로 장애에 대한 이해와 인식개선을 위한 교육 및 프로그램이 실시된다면 장애학생과 비장애학생의 통합된 대학생활에 있어서 매우 긍정적인 결과를 낳을 것으로 기대된다.

4. 교수의 장애학생지원에 대한 의식 및 실태조사

1) 조사목적

　대학의 본질적인 기능이 교육이라는 점에서 교수 학습의 당사자인 교수가 지닌 장애학생 및 장애학생지원에 대한 인식의 중요성은 더 말한 필요가 없을 것이다. 교육이 단순히 피교육자에게 지식을 전달하는 것에서 그치는 것이 아니라 더불어 호흡하며 함께 지식을 만들어 가야한다는 점에서 보면 더욱 그러하다. 본 연구에서는 나사렛대학교에 재직하고 있는 교수들을 대상으로 장애학생 및 장애학생지원에 대한 의식조사와 의견수렴을 통해 효율적인 교육지원을 위한 기초 자료를 수집하는 것에 목적을 두고 있다.

2) 조사방법

(1) 조사대상

2005년 11월 15일 교직원 세미나 시간에 나사렛대학교에 재직하고 있는 교수를 대상으로 설문지를 배부하고 수거하였다. 설문에 응답한 교수는 62명이었으며, 연구년, 해외 출장 등으로 세미나에 참석하지 않은 인원(19명)을 제외하면 전체 전임교수의 79.8%에 해당한다. 소속 학부 및 경력에 따른 구분은 〈표 II-4-1〉, 〈표 II-4-2〉와 같다.

<표 II-4-1〉 응답대상자 소속 학부

소속 학부	빈 도(명)	백분율(%)
교 양	8	12.9
인 문	10	16.1
전 산	8	12.9
음 악	4	6.5
재 활	13	21.0
사회복지	5	8.1
신 학	10	16.1
미 응 답	4	6.5
합 계	62	100.0

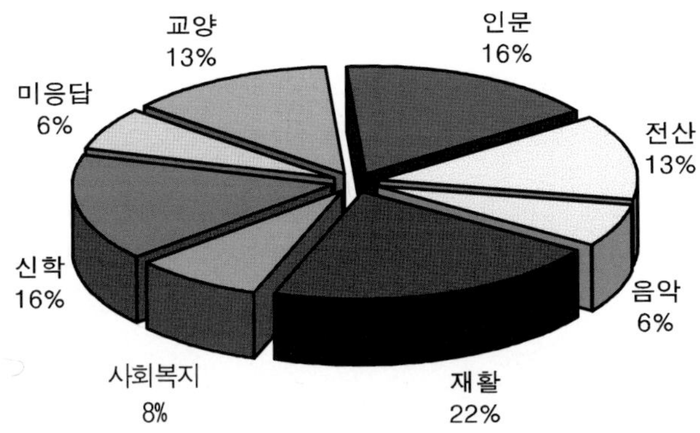

〈그림 Ⅱ-4-1〉 응답대상자 소속 학부

〈표 Ⅱ-4-2〉 응답대상자 경력

경 력	빈 도(명)	백분율(%)
2년 이하	11	17.7
3년-6년	34	54.8
7년-11년	9	14.5
12년 이상	7	11.3
미응답	1	1.6
합 계	62	100.0

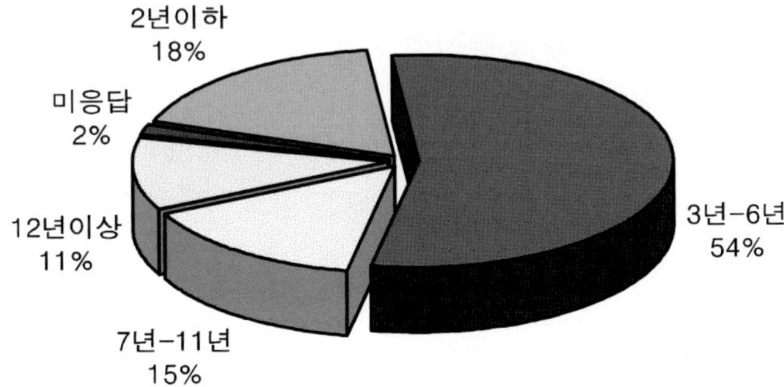

〈그림 Ⅱ-4-2〉 응답대상자 경력

(2) 조사도구

대학 현장에서 학생들을 교육하는 교수들의 장애학생에 대한 인식 및 지원방안을 조사하기 위해 김주영(2005)의 연구에서 사용된 질문지를 토대로 수차례의 연구위원 회의를 거쳐 연구의 목적에 적합한 문항들로 수정하였다. 전체 문항은 장애학생 선발관련 문항, 교수-학습 지원관련 문항, 생활 및 취업 지원관련 문항들로 구성하였다(부록 3 참조).

(3) 분석방법

수집된 자료를 처리하기 위해 SPSS for Windows (Version 12.0)를 이용하였다. 장애학생 지원방안에 대한 전체적인 경향 파악을 위해 문항별 빈도분석을 실시하였으며, 필요에 따라 소속 학부나 경력별로 반응 차이가 있는지를 검증하기 위해 교차분석을 사용하였다.

3) 결   과

(1) 장애인 대학입학 특별전형 제도

장애인 대학입학 특별전형 제도에 대한 의견은 〈표 Ⅱ-4-3〉에 제시된 바와 같이 '학업능력은 갖추고 있으나 장애로 인해 불이익을 받는 학생들만 선발하는 것이 바람직하다'는 의견에 82.2%가 동의하는 것으로 나타났다.

〈표 Ⅱ-4-3〉 장애인 대학입학 특별전형제도에 대한 의견

장애인 대학입학 특별전형제도에 대한 의견	빈 도(명)	백분율(%)
현행대로	4	6.5
대상 확대	4	6.5
일반전형곤란자	2	3.2
장애불이익	51	82.2
기타 의견	1	1.6
합 계	62	100.0

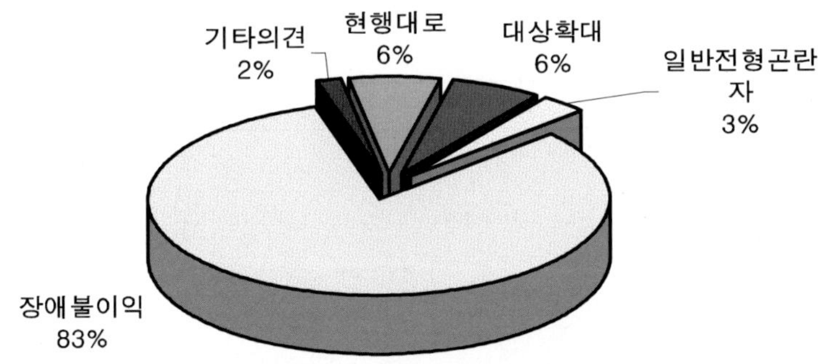

〈그림 Ⅱ-4-3〉 장애인 대학입학 특별전형제도에 대한 의견

(2) 발달장애인의 대학 진학요구

장애인 가운데 발달장애인(주로 정신지체인, 정서장애인, 자폐성 장애인을 지칭)의 대학 진학요구에 대한 의견은 〈표 Ⅱ-4-4〉에 제시된 바와 같이 '대학은 고등 지식 인력을 양성하는 학문의 전당이므로 기본적으로 학업능력을 갖춘 학생들만을 입학시켜야 한다'는 의견에 66%가량이 동의하는 것으로 나타났다. 고등교육도 이젠 보편화, 대중화되어 가고 있으므로 누구에게나 그 기회가 주어져야 한다는 의견과 장애 유형이나 정도와 상관없이 희망하는 자에게는 허용되어야 한다는 의견은 전체 29% 정도를 차지하였으며 기타 의견으로는 '일반 대학은 발달장애학우들을 위한 적합한 교육기관이 아

닌 것으로 본다', '문호개방은 찬성이나 기능적이고 실무중심적 교육프로그램을 마련하여 특별(대안) 프로그램으로 입학시켜야 한다(별도 프로그램이 필요하다)', '프로그램과 시설을 보완하여 진학이 가능하도록 해야 한다'는 의견이 제시되었다.

〈표 Ⅱ-4-4〉 발달장애인의 대학 진학요구에 대한 의견

발달장애인의 대학 진학요구에 대한 의견	빈 도(명)	백분율(%)
누구나 희망하는 자에게는 허용	18	29.0
기본적으로 학업능력을 갖춘 학생들만	41	66.1
기타 의견	3	4.9
합 계	62	100.0

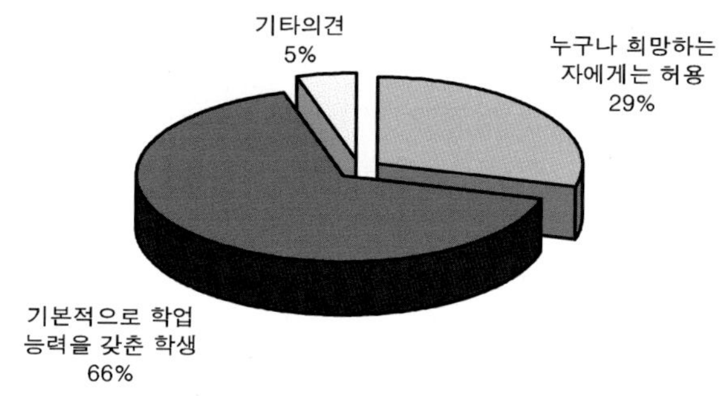

〈그림 Ⅱ-4-4〉 발달 장애인의
대학 진학요구에 대한 의견

발달장애인의 대학 진학요구에 대해 응답자의 소속 학부별로 분류해 본 결과, 〈표 Ⅱ-4-5〉에 제시된 바와 같이 경영 / 경찰행정 / 국제어문 / 아동 등을 포함한 인문학부와 신학부에서 응답비율이 같은 것으로 나타났으며, 교양학부에서는 비슷한 응답비율을 보여주었다.

〈표 Ⅱ-4-5〉 발달장애인의 대학 진학요구에 대한 소속 학부별 의견분포

(단위: 명)

		누구나	학업능력	기 타	전 체
	교　양	3	4	1	8
	인　문	5	5	0	10
	전　산	2	5	1	8
소속	음　악	1	3	0	4
학부	재　활	2	11	0	13
	사회복지	0	4	1	5
	신　학	5	5	0	10
	미 응 답	0	4	0	4
합　계		18	41	3	62

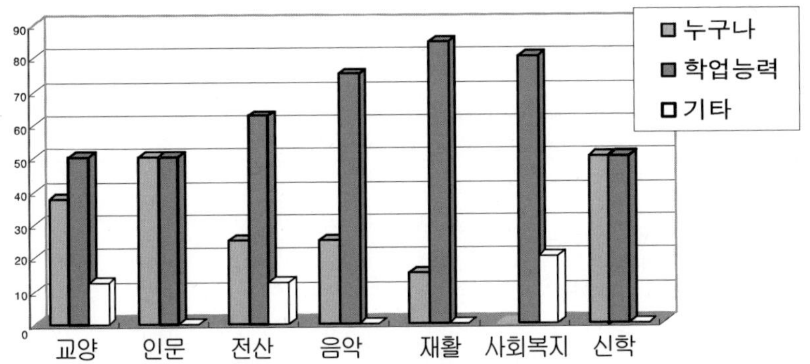

〈그림 Ⅱ-4-5〉 발달장애인의 대학 진학요구에 대한 소속 학부별 의견분포

(3) 장애학생 선발원칙

대학에서 장애학생을 선발할 때 지녀야 하는 원칙으로 많이 선택한 의견은 〈표 Ⅱ-4-6〉에 제시된 바와 같이 '공정한 기회 제공' 28.1%, '장애로 인한 불리(不利)에 대한 보상(수화통역, 속기, 보상기자재 대여 등)' 27.2% 순으로 나타났다. 즉 기회 제공뿐만 아니라 불리에 대한 보상에도 관심을 가

진 것으로 나타났다. 이외에도 '사전 견학과 상담 서비스를 통한 자기 선택
및 결정 지원', '특별전형 대상의 엄격한 구분(일반전형으로도 가능한 장애
인 제외)' 등도 중요 원칙으로 생각하는 것으로 나타났다.

〈표 Ⅱ-4-6〉 장애학생 선발원칙에 대한 의견

장애학생 선발원칙에 대한 의견	빈도(명)	백분율(%)
공정한 기회 제공	32	28.1
장애로 인한 불리(不利)에 대한 보상 (수화통역, 속기, 보상기자재 대여 등)	31	27.2
특별전형 대상의 엄격한 구분 (일반전형으로도 가능한 장애인 제외)	22	19.2
추가서류, 추가방문, 추가시험, 추가 신체검진 요구 등 차별적 조치 금지	2	1.8
사전 견학과 상담 서비스를 통한 자기 선택 및 결정 지원	26	22.8
기타 의견	1	0.9
합　계	114	100.0

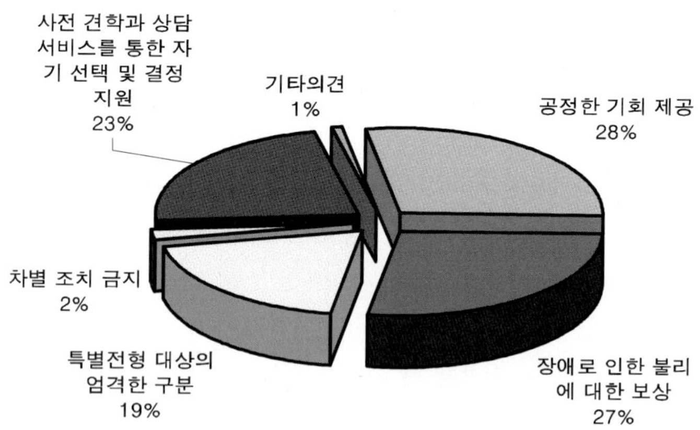

〈그림 Ⅱ-4-6〉 장애학생 선발원칙에 대한 의견

(4) 장애학생 지원원칙

대학에서 장애학생 지원을 위해 반드시 지켜야 할 원칙으로 많이 선택한 의견은 〈표 Ⅱ-4-7〉에 제시된 바와 같이 '동등한 교육권 보장' 30.3%, '적극적인 학습 보상' 30.3%로 나타나서 장애학생의 학습 자체와 관련된 권리에 우선권을 두고 있는 것으로 볼 수 있다.

〈표 Ⅱ-4-7〉 장애학생 지원원칙에 대한 의견

장애학생 지원원칙에 대한 의견	빈 도(명)	백분율(%)
동등한 교육권 보장	36	30.3
학생으로의 동등한 처우	21	17.6
학생으로서 완전한 참여 보장	4	3.4
적극적인 학습 보상	36	30.3
취업 및 진로 지도	21	17.6
기타 의견	1	0.8
합 계	99	100.0

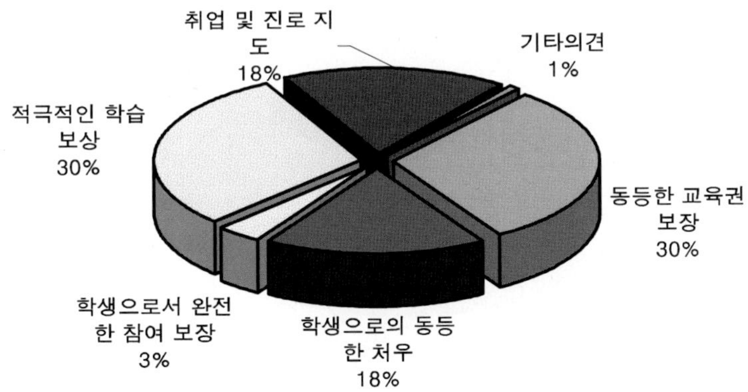

〈그림 Ⅱ-4-7〉 장애학생 지원원칙에 대한 의견

(5) 장애학생 교육 지원내용

대학에서 장애학생 교육을 위해 반드시 보장되어야 할 내용으로 많이 선택한 의견은 〈표 Ⅱ-4-8〉에 제시된 바와 같이 '이동 및 접근 편의 지원' 29.8%, '학습보상 지원' 26.9%로 나타났다.

〈표 Ⅱ-4-8〉 장애학생 교육지원내용에 대한 의견

장애학생 교육지원내용에 대한 의견	빈 도(명)	백분율(%)
학습보상 지원	28	26.9
이동 및 접근 편의 지원	31	29.8
상담 지원	9	8.7
취업 및 진로 지도 지원	19	18.3
튜터 혹은 멘토 지원	17	16.3
대학생활 적응지원	0	0.0
기타 의견	0	0.0
합 계	104	100.0

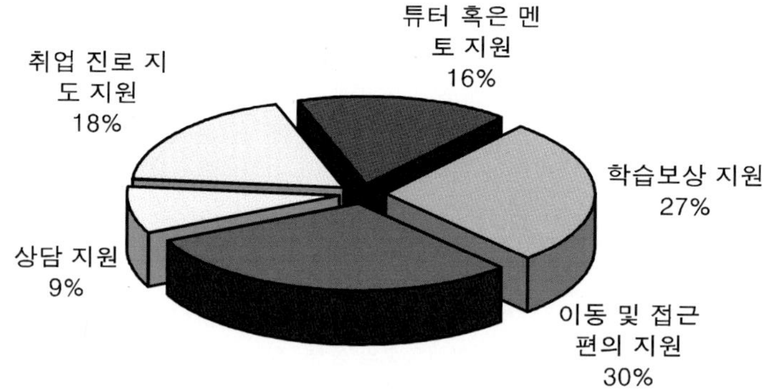

〈그림 Ⅱ-4-8〉 장애학생 교육지원 내용에 대한 의견

(6) 장애학생 교육환경 개선내용

장애학생의 교육지원환경을 개선하기 위해 필요한 의견으로 제시된 것은
〈표 Ⅱ-4-9〉에 제시된 바와 같이 '대학 내 장애학생 지원관리 시스템(입학
에서 졸업까지)'이 32.8%로 가장 많은 것으로 나타났고, 그 다음으로는
'교육과정의 탄력적 운영(대체강좌, 기초학력강좌 이수제 등)' 20.5%, '장
애학생 지원 인력 및 기자재 확보(수화통역사, 도우미, 노트북, 확대기 등)'
19.7%로 나타났다. 김주영(2005)의 연구에서도 '대학 내 장애학생 지원관
리 시스템'이 가장 중요하다고 평가되었다. 하지만 두 번째 순위로는 '이동
및 접근 편의시설'이 중요하다고 제시된 것과 사뭇 다른 결과를 보여준다.
이는 나사렛대학교의 이동 및 접근 편의시설이 다른 기관과 비교해 상대적
으로 잘 갖추어져 있어서 중요성이 낮게 평가된 것으로 판단된다.

〈표 Ⅱ-4-9〉 장애학생 교육환경 개선내용에 대한 의견

장애학생 교육환경 개선내용에 대한 의견	빈 도(명)	백분율(%)
교육과정의 탄력적 운영 (대체강좌, 기초학력강좌 이수제 등)	25	20.5
교수들의 교수-학습 방법 (강의, 평가, 보충학습, 수업기법 등)	8	6.6
장애학생의 대학생활 만족도 (장애학생 및 부모대상 심층면담, 설문조사 등)	9	7.4
대학 내 장애학생 지원관리 시스템 (입학에서 졸업까지)	40	32.8
장애학생 지원 인력 및 기자재 확보 (수화통역사, 도우미, 노트북, 확대기 등)	24	19.7
이동 및 접근 편의시설 (캠퍼스 공간의 편의시설)	14	11.4
장학금 등 경제적 지원	2	1.6
합　계	122	100.0

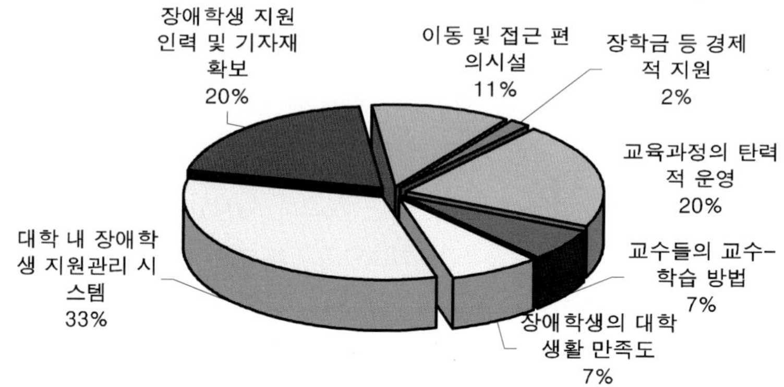

〈그림 Ⅱ-4-9〉 장애학생 교육환경 개선내용에 대한 의견

(7) 장애학생의 교수 - 학습 지원

장애학생의 교수-학습 지원을 위해 필요하다고 제시된 의견은 〈표 Ⅱ-4-10〉
과 같이 '수화통역사, 속기사, 점역사, 대필자 등의 학습지원 인력'이 24.0%
로 가장 많은 것으로 나타났다. 그러나 다른 응답들도 고른 분포를 보이고
있어서 장애학생들의 교수-학습 지원을 위해 다양한 지원이 필요하다고 인
식하고 있는 것으로 볼 수 있다.

〈표 Ⅱ-4-10〉 장애학생 교수-학습지원에 대한 의견

장애학생 교수-학습지원에 대한 의견	빈 도	백분율
강의실의 물리적 환경 개선 (밝기, 책상 위치, 멀티미디어 기자재 설비 등)	20	16.5
교수의 강의기법 개선 (사전자료 제공, 말의 빠르기, 분명한 말씨, 정기적인 휴식, 피드백 등)	19	15.7
수화통역사, 속기사, 점역사, 대필자 등의 학습지원 인력	29	24.0
노트북, 확대 독서기, 한소네 등의 학습보상 기자재 대여	20	16.5
특별 보충강좌(전공기초, 도구교과, 교양강좌 등) 개설	20	16.5
개별학습, 과제물 수행(튜터 혹은 멘토) 지원	13	10.8
합 계	121	100.0

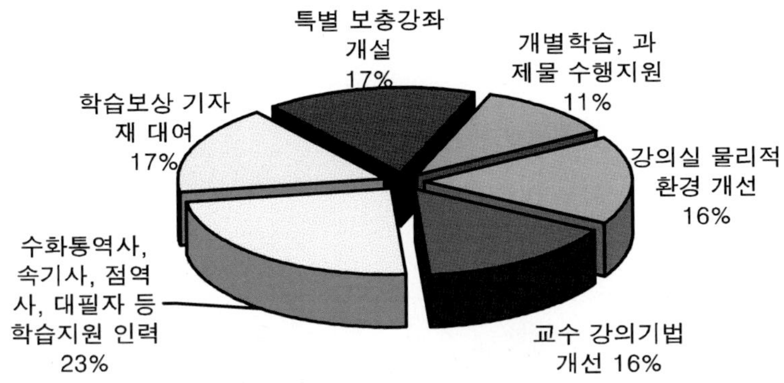

〈그림 Ⅱ-4-10〉 장애학생 교수-학습지원에 대한 의견

(8) 장애학생들과 수업하면서 느끼는 어려운 점

장애학생들과 수업하면서 느끼는 어려운 점으로 가장 많이 제시된 의견은
〈표 Ⅱ-4-11〉에 제시된 바와 같이 '과제나 수업 평가에 대한 어려움'
31.0%로 나타났으며, '학생의 돌발 행동으로 인한 수업 방해' 19.0%, '교
수방법 다양성에 대한 부담' 17.2% 순으로 나타났다.

〈표 Ⅱ-4-11〉 장애학생들과 수업하면서 느끼는 어려운 점에 대한 의견

장애학생들과 수업하면서 느끼는 어려운 점에 대한 의견	빈 도(명)	백분율(%)
장애에 대한 이해 부족으로 인한 부담감	13	11.2
학생의 돌발 행동으로 인한 수업 방해	22	19.0
과제나 수업 평가에 대한 어려움	36	31.0
장애학생 배려로 인한 수업 지연	12	10.4
교수에 필요한 기자재 부족	5	4.3
교수방법 다양성에 대한 부담	20	17.2
없다	5	4.3
기타 의견	3	2.6
합 계	116	100.0

기타 의견으로는 '발달장애학생을 위한 특별 프로그램 개설이 필요하다', '장애와 비장애학생 간 수업목표 격차를 좁히지 못해 어렵다', '청각장애학생에 대한 수업순응도와 성취도가 특히 어렵다' 등이 제시되었다.

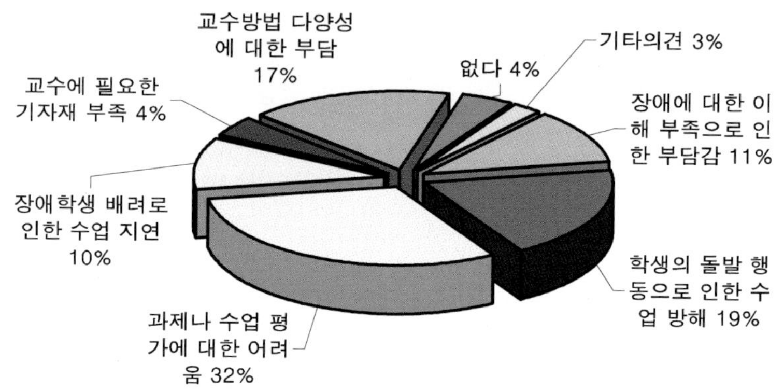

〈그림 Ⅱ-4-11〉 장애학생들과 수업하면서 느끼는
어려운 점에 대한 의견

(9) 장애학생들의 평가방법에 대한 의견

장애학생들의 성적을 평가할 때 절대평가를 적용하고 있는 현황에 대해 〈표 Ⅱ-4-12〉에 제시된 바와 같이 '장애유형과 장애정도를 고려하여 성적을 평가해야 하므로 절대평가를 유지해야 한다'는 의견이 50.0%로 가장 높게 나타났으며, '어떤 형태로든 수정되어야 한다'는 의견은 30.7%, '굳이 절대평가를 실시해야 할 필요가 없다. 상대평가를 실시해도 괜찮다'는 의견이 14.5%로 나타났다.

기타 의견으로는 '학습능력이 없는 학생들의 경우 절대평가가 불가능하다. 별도 평가가 필요하다', '인지 및 학습에 문제가 있는 장애학생이라면 별도의 성적평가체계를 운영해야 한다', '장애학생이 장애를 이유로 특별학점을 받고 특별대우를 원하는 것은 지원할 필요가 없다고 생각한다', '상대평가할 수 있는 대안을 모색해야 한다', '어느 정도 절대평가는 수용될 수 있지만 비장애학생들을 포함한 성적평가시스템이 있으면 좋겠다', '상대평가가 필요하지만 현재로선 시기상조이다' 등이 제시되었다.

〈표 Ⅱ-4-12〉 장애학생 평가방법에 대한 의견

장애학생 평가방법에 대한 의견	빈 도(명)	백분율(%)
절대평가를 유지	31	50.0
상대평가해도 괜찮다	9	14.5
수정필요	19	30.7
기타 의견	2	3.2
미응답	1	1.6
합 계	62	100.0

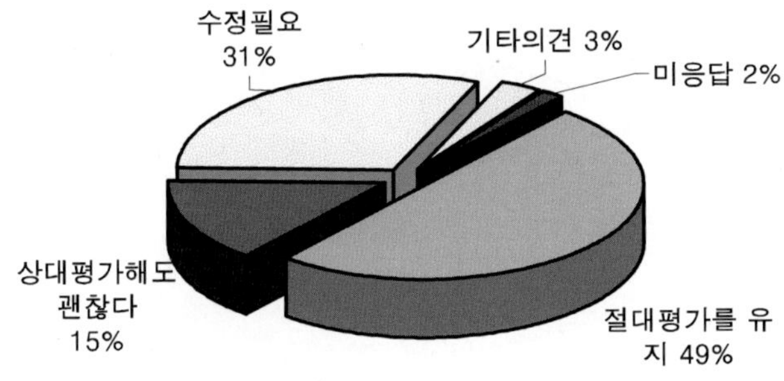

〈그림 Ⅱ-4-12〉 장애학생 평가방법에 대한 의견

(10) 장애학생들을 위해 가장 많이 시간을 투자하고 있는 일

장애학생들을 위해 가장 많이 시간을 투자하고 있는 일로는〈표 Ⅱ-4-13〉에 제시된 바와 같이 '장애에 대한 이해' 35.5%, '장애학생을 배려한 교수방법 개선' 32.3% 순으로 나타났다. 그리고 '장애학생들과의 의사소통방법 개발(예: 점자, 수화 배우기)'도 11.3%로 나타났다.

<표 Ⅱ-4-13> 장애학생들을 위해 가장 많이 시간을 투자하고 있는 일

장애학생들을 위해 가장 많이 시간을 투자하고 있는 일	빈도(명)	백분율(%)
영적 지원(기도, 말씀공부 등)	2	3.2
장애에 대한 이해	22	35.5
장애학생을 배려한 교수방법 개선	20	32.3
장애학생들과의 의사소통방법 개발(예: 점자, 수화 배우기)	7	11.3
생활 지원(장애학생 상담, 경제적 지원을 위한 장학금 소개 등)	2	3.2
별다른 조치 없음	5	8.1
기타 의견	2	3.2
미응답	2	3.2
합　계	62	100.0

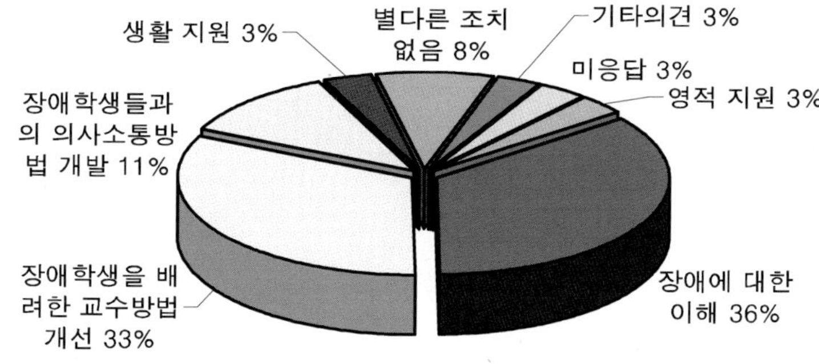

<그림 Ⅱ-4-13> 장애학생들을 위해
가장 많이 시간을 투자하고 있는 일

(11) 통합교육의 유익

비장애학생이 장애학생과 통합교육을 받으면서 얻는 가장 큰 유익으로 꼽은 것은 <표 Ⅱ-4-14>에 제시된 것과 같이 '장애에 대한 이해 및 인식개선'으로 나타났다.

〈표 Ⅱ-4-14〉 통합교육의 유익에 대한 의견

통합교육의 유익에 대한 의견	빈 도(명)	백분율(%)
장애에 대한 이해 및 인식개선	53	85.5
봉사 및 희생정신	1	1.6
폭넓은 교우관계	1	1.6
약자에 대한 보호 및 배려	4	6.5
장애에 대한 전문 지식	2	3.2
미응답	1	1.6
합 계	62	100.0

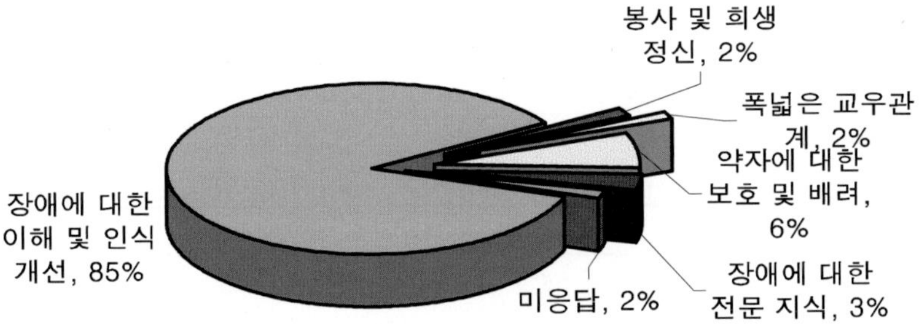

〈그림 Ⅱ-4-14〉 통합교육의 유익에 대한 의견

(12) 장애학생들이 대학생활 적응을 위한 대학의 조치

장애학생들이 대학생활에 완전히 적응하여 통합될 수 있도록 하기 위해 필요한 내용에 대해 〈표 Ⅱ-4-15〉에 제시된 것과 같이 '학과별 멤버십 트레이닝'이 28.9%로 가장 많은 응답을 보였고, '체육대회, 대학축제 어울림 프로그램' 17.6%, '부모교수 상담강화' 13.2% 순으로 나타났다. 기타 의견으로는 '일회성 특별프로그램이 아닌 상시적인 프로그램 운영 (peer-buddy program 등)', '장애학생의 비율 감소와 지원 강화가 필요하다. 통합교육을 위해 비율조정이 안되면 비장애학생의 외면현상이 생길 수도 있을 것이다', '큰 이벤트보다 개별적 상담이 필요하다', '비장애학생 교

직원에 대한 장해이해 교육이 필요하다', '학습능력을 높이기 위한 튜터링 제공 등으로 수업을 잘 따라가게 하는 것이 학교생활 적응에 도움이 될 것이다' 등의 의견이 제시되었다.

〈표 II-4-15〉 대학생활 적응을 위해 필요한 대학조치에 대한 의견

대학생활 적응을 위해 필요한 대학조치에 대한 의견	빈 도(명)	백분율(%)
신입생 통합 오리엔테이션	11	9.6
학과별 멤버십 트레이닝	33	28.9
총학생회 주도의 장애이해 세미나	13	11.4
체육대회, 대학축제 어울림 프로그램	20	17.6
장애인 관련 동아리 주관 '장애인 주간' 행사	13	11.4
명사초청 특별 강연	3	2.6
부모교수 상담 강화	15	13.2
기타 의견	6	5.3
합 계	114	100.0

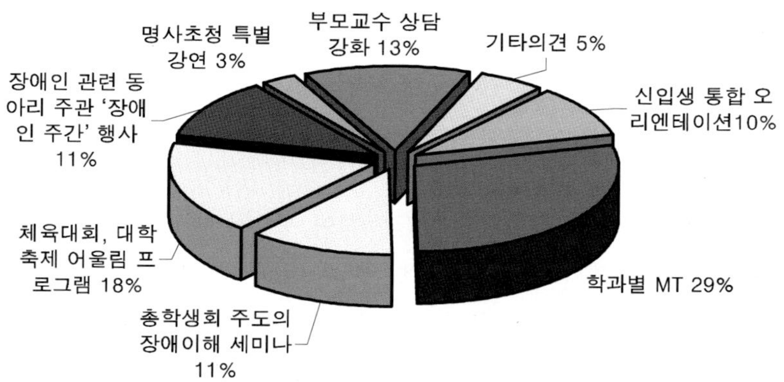

〈그림 II-4-15〉 대학생활 적응을 위해 필요한 대학조치에 대한 의견

(13) 취업이 불가능하다고 생각하는 장애유형

전공 학부에서 취업이 불가능하다고 판단되는 장애유형이 있는지에 대한 질문에 대해서는 〈표 Ⅱ-4-16〉에 제시된 것과 같이 비교적 다양한 반응이 나타났다. 인문계열과 음악계열에서는 지체부자유와 발달장애가 비슷하게 나타났고, 전산계열에서는 시각장애와 발달장애, 사회복지계열에서는 청각 장애와 발달장애가 비슷한 비율을 보여주었다. 재활계열에서는 청각장애(언어치료전문가로서의 어려움)와 발달장애가 취업이 불가능하다고 생각하는 것으로 나타났으며, 신학계열에서는 발달장애가 취업이 불가능하다고 응답하였다. 기타 의견으로는 '장애유형의 문제가 아니라 학생 개인의 능력에 달려 있다', '전혀 취업이 불가능한 장애유형은 없다. 대책이 부족할 뿐이다'라는 의견이 제시되었다.

〈표 Ⅱ-4-16〉 취업곤란 장애유형

학 부	시 각	청 각	지체부자유	발달장애	해당없음	기타 의견
교양(7)	0	0	0	2	3	1
인문(10)	1	1	6	5	2	0
전산(8)	6	0	1	7	1	0
음악(4)	0	1	3	4	0	0
재활(11)	1	5	3	9	1	2
사회복지(5)	1	2	1	3	1	0
신학(10)	0	0	2	8	2	0
미응답(4)	1	1	1	2	1	0
합 계	10	10	17	40	11	3

(14) 장애학생의 취업 및 진로 지도를 위해 필요한 조치

장애학생의 취업 및 진로 지도를 위해 필요한 조치에 대해서는 〈표 Ⅱ-4-17〉

에 제시된 것과 같이 '대학 내 장애학생 지원전담부서에서 별도의 취업 및 진로지도 업무를 관장한다'는 의견이 29.2%로 가장 많은 것으로 나타났고, '지역 내 장애인 취업관련 기관들(고용촉진공단 등)과 연계하여 장애학생들이 자신과 관련된 취업정보에 언제든지 접근할 수 있게 한다'는 의견이 20.8%, '장애학생 취업정보 전산시스템을 개발하여 전공이나 계열별로 구인 및 구직 정보에서 취업 전 지도 자료에 이르기까지 다양한 정보를 제공한다'는 의견이 19.2%로 나타나 관련 정보제공의 중요성에 동의하는 것으로 나타났다.

장애학생의 취업 및 진로지도를 위해 학과에서 직접 관리해야 한다는 의견은 소수인 것으로 나타나 장애학생의 취업 및 진로지도에 대해 해당 학과 교수들이 부담을 많이 지니고 있는 것으로 여겨진다.

기타 의견으로는 '장기적인 개별 교육과정에 따른 취업진로 지도과정 개발필요', '학교와 지원전담부서의 연계체제가 필요' 등이 제시되었다.

〈표 Ⅱ-4-17〉 취업 및 진로지도를 위해 필요한 조치에 대한 의견

취업 및 진로지도를 위해 필요한 조치에 대한 의견	빈　도	백분율
취업정보센터에 전담 직원을 두어 장애학생을 등록하고 취업 관리한다	18	15.0
장애학생 지원전담부서에서 별도의 취업 및 진로지도 관장	35	29.2
전 과정은 학과에서 직접 관리한다	9	7.5
관련된 취업정보에 언제든지 접근할 수 있게 한다.	25	20.8
장애학생 취업정보 전산시스템을 개발하여 다양한 정보를 제공한다	23	19.2
장애학생 취업특강(컴퓨터 활용능력 등)을 개최한다	8	6.6
기타 의견	2	1.7
합　계	120	100.0

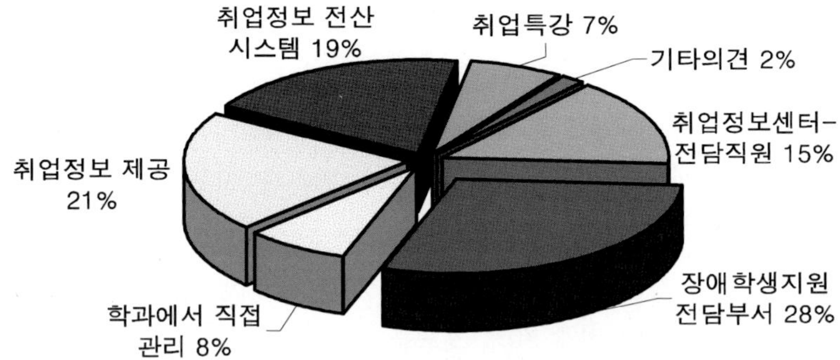

〈그림 Ⅱ-4-16〉 취업 및 진로지도를 위해 필요한 조치에 대한 의견

4) 논 의

나사렛대학교 교수들이 지니고 있는 장애학생에 대한 인식과 장애학생에 대한 지원방안을 분석한 결과를 요약하고, 이를 토대로 앞으로 나사렛대학교가 해결해야 할 과제들을 논의하고자 한다.

(1) 장애학생 선발

장애인 대학입학 특별전형 제도는 장애인의 고등교육기회를 확대하고, 대학 내 장애인 지원문제에 관심을 갖도록 하였으며, 전문 지식과 기술 습득으로 장애인의 계층상승 기회를 확대시키는 등 긍정적인 측면을 지니고 있으나 장애학생들의 학업능력 하향평준화, 특수학교의 입시교육기관화 등의 문제점도 드러나고 있다(김주영, 2005). 조사에 응답한 나사렛대학교의 교수들 중 80% 이상이 '학업능력은 갖추고 있으나 장애로 인해 불이익을 받는 학생들만 선발하는 것이 바람직하다'는 의견에 동의하는 것으로 나타나서 현행 장애인 특별전형 제도에 대해서는 비교적 비판적인 것으로 볼 수 있는 것으로 나타났다.

그러나 장애학생에 대한 교수들의 현실 인식은 아직도 이상주의적인 성향을 배제할 수는 없는 것으로 생각된다. 고등교육기관에서 정규교육을 받기에 적합하다고 판단되기 힘든 발달장애인의 대학 진학요구에 대해서 고등교육도 이젠 보편화, 대중화되어 가고 있으므로 누구에게나 그 기회가 주어져야 한다는 의견과 장애 유형이나 정도와 상관없이 희망하는 자에게는 허용되어야 한다는 의견이 전체 30% 정도를 차지하였다는 점은 고등교육을 아직도 수혜적인 차원에서 바라보고 있으며, 장애에 대한 명확한 인식이 부족하다는 현실을 반영하는 것이라 볼 수 있다. 장애학생들을 위한 교수들이 가장 많이 시간을 투자하는 일 중 하나가 '장애에 대한 이해'가 꼽히는 것으로 미루어서도 짐작할 수 있는 부분이다. 이런 문제를 해결하기 위해서는 대학 차원에서 교수들에게 장애 자체에 대한 심도 있는 연수가 필요하다고 생각된다.

(2) 교수-학습 지원

교수-학습지원에 관해서는 나사렛대학교가 다른 교육기관의 교육환경에 비해 비교적 우수한 것으로 평가되고 있으며, 이는 대학 장애학생 교육복지지원 평가에서 2003년, 2005년 연속 최우수대학으로 선정된 것으로 확인된 바 있다.

대학에서 장애학생 지원을 위해 반드시 지켜야 할 원칙으로는 동등한 교육권 보장과 적극적인 학습 보상을 중요하게 생각하는 것으로 나타나서 장애학생의 학습 자체와 관련된 권리에 우선권을 두고 있는 것으로 볼 수 있다. 그리고 대학에서 장애학생 교육을 위해 반드시 보장되어야 할 내용으로는 이동 및 접근 편의 지원과 학습보상 지원을 선택하였고, 장애학생의 교육지원환경 중 우선적으로 개선이 필요한 내용으로는 대학 내 장애학생 지원관리 시스템을 가장 많이 선택하였다.

장애학생들과 수업하면서 느끼는 어려운 점으로는 '과제나 수업 평가에 대한 어려움'을 선택하였다. 장애학생들의 성적을 평가하는 방법에 대해서는 '장애유형과 장애정도를 고려하여 성적평가를 해야 하므로 절대평가를 유지해야 한다'는 의견이 가장 많았다. 그러나 현재 성적의 절대평가는 별다른 기준 제시 없이 교수의 재량으로 실시되고 있으므로 이에 대한 보완책이 필요한 것으로 생각된다. 즉 절대평가는 준거지향평가이므로 각 전공교과별로 해당 장애학생이 성취해야 할 학습준거를 명시하고, 이에 기준하여 필요한 학습지원을 충분히 제시한 후 평가하는 과정을 거쳐야 하는데, 아직까지 이런 부분에 대해서는 명확한 모형제시가 부족하므로 이 부분에 대한 고민도 필요하리라 생각된다.

장애학생들과 수업하면서 느끼는 또 다른 어려움으로는 '학생의 돌발 행동으로 인한 수업 방해', '교수방법 다양성에 대한 부담' 등을 찾아볼 수 있다. 장애학생들을 위해 교수들이 많은 시간을 투자하고 있는 것 중 하나가 '장애학생을 배려한 교수방법 개선', 그리고 '장애학생들과의 의사소통방법 개발(예: 점자 및 수화 배우기)'로 나타난 것도 이런 어려움과 연관되어 있는 것으로 볼 수 있다. 따라서 일상적인 교수-학습 지원 이외에도 장애를 고려한 개별적인 교수-학습 지원도 필요할 것이다. 또한 장애학생들과 의사소통하기 위해 필요한 의사소통방법(예: 수화)을 교육하는 과정을 자유롭게 열어놓아 배우려는 의사가 있는 교수 및 강사들이 언제든지 도움을 받을 수 있도록 하는 것이 교육 뿐 아니라 생활 및 취업지도 장면에서도 도움을 될 것이라 생각된다.

(3) 생활 지도 및 취업 지원

장애학생들이 대학생활에 완전히 적응하여 통합될 수 있도록 하기 위해 필요한 내용으로는 '학과별 멤버십 트레이닝', '체육대회, 대학축제 어울림 프로그램', '부모교수 상담강화' 순으로 나타났다. 그러나 장애에 대한 이해 및 배려가 전제되지 않는 이벤트성 행사는 행사에 참여하는 모든 참석자들을 곤란하게 할 수 있다는 점을 염두에 두고 해당 프로그램을 진행할 필요가 있을 것으로 생각된다. 더불어 부모교수뿐 아니라 동료상담 등을 통한 지속적인 생활지도가 필요하다는 의견도 고려할 만한 것으로 볼 수 있다.

취업과 관련하여 해당 전공학부에서 취업이 불가능하다고 판단되는 장애유형이 있는지에 대한 질문에서는 비교적 다양한 반응이 나타났다. 인문계열과 음악계열에서는 지체부자유와 발달장애가 비슷하게 나타났고, 전산계열에서는 시각장애와 발달장애, 사회복지계열에서는 청각장애와 발달장애가 비슷한 비율을 보여주었다. 재활계열에서는 청각장애(언어치료전문가로서의 어려움)와 발달장애가 취업이 불가능하다고 생각하는 것으로 나타났으며, 신학계열에서는 발달장애가 취업이 불가능하다고 응답하였다. 기타 의견으로는 '장애유형의 문제가 아니라 학생 개인의 능력에 달려 있다', '전혀 취업이 불가능한 장애유형은 없다. 대책이 부족할 뿐이다'는 의견이 제시되었다.

장애학생의 취업 및 진로 지도를 위해 필요한 조치로서는 '대학 내 장애학생 지원전담부서에서 별도의 취업 및 진로지도 업무를 관장한다'는 의견이 가장 많은 것으로 나타났고, 학과에서 직접 관리해야 한다는 의견은 소수인 것으로 나타나 장애학생의 취업 및 진로지도에 대해 해당 학과 교수들이 부담을 많이 느끼고 있는 것으로 여겨진다.

장애학생의 대학입학이 입학에서 끝나는 것이 아니라 취업까지 연계되어야 한다고 볼 때 해당 전공학부에서 취업이 불가능하다고 인식되는 장애유형과 현재 장애학생의 분포 실태, 그리고 취업에 대한 책임의식 여부는 앞으로 어려움을 가져올 여지를 지니고 있는 것으로 볼 수 있다. 예를 들어 발달장애인의 대학 진학요구에 대해서 허용되어야 한다는 의견이 30% 정도를 차지하고 있으나 취업 불가능 장애 유형으로 가장 많이 지목된 유형이 발달장애이라는 모순은 어떻게 해결해야 하는가? 또한 장애학생의 취업 및 진로지도를 별도의 장애학생 지원전담부서에서 전담하는 것이 필요하다고 생각하고 있지만, 현실적으로 현장에서 필요한 지식과 기술을 전수하는 부서가 해당 전공이라는 점을 고려하면 적어도 취업에 관한 한 장애학생에 대해서는 다소 회피적이라고 판단할 수밖에 없다.

따라서 장애학생의 입학을 대학 차원에서 판단해서 결정하고 이를 해당 전공에서 수용하는 것으로 마무리할 것이 아니라, 오히려 적극적으로 해당 전공에서 책임의식을 가지고 훌륭한 사회인으로 양성할 수 있는 특화한 전공 내용 및 교수방법을 마련하고 지속적인 장애학생 학습 및 생활 지도를 통해 재활·복지 분야에 특성화된 대학에 걸맞은 위상을 갖추도록 노력해야 할 것이다.

5. 직원의 장애학생지원에 대한 의식 및 실태조사

1) 조사목적

대학 생활의 핵심은 강의를 통한 교수 학습의 성패와 밀접한 관련이 있다. 그러나 대학의 다양한 행정적인 지원이 적절하게 이루어지지 않는다면 교수 학습은 많은 난관에 직면할 수 있다. 이러한 차원에서 대학 구성원들, 특히 대학의 행정적인 업무를 처리하는 직원들의 학생 지원에 대한 인식은 학생들의 대학 생활의 질을 결정하는 중요한 요인이 된다고 할 수 있다. 본 연구는 이러한 관점에서 재활복지 특성화를 학교의 중심 모토로 설정하고 있는 나사렛대학교 직원들의 장애학생 지원에 대한 다양한 의식을 조사함으로써, 장애학생의 교수 학습에 대한 효과적인 전략을 수립하는 기초 자료를 제공하는 데 목적이 있다.

2) 조사방법

본 연구는 나사렛대학교 직원들을 대상으로 하여 설문조사의 방법으로 이루어졌다. 설문조사를 위하여 관련문헌을 분석하였으며, 나사렛대학교의 형편에 맞는 설문지를 개발하기 위하여 초안을 작성한 이후에 질문지의 적합성에 대한 논의를 3차례 갖고 최종 문항을 선정하였다. 문항의 반응은 '매우 그렇다, 그렇다, 아니다, 전혀 아니다'에 하나만 선택하도록 하였으며, 이에 대한 빈도와 백분율에 대한 분석을 실시하였다.

3) 결 과

(1) 응답 직원의 인적사항

본 연구의 결과에 의하면 전체 직원 66명 가운데 설문에 응답한 직원은 총 39명(59.1%)이었다. 응답한 직원의 나사렛대학교 근무경력은 1년 미만이 7명(17.9%), 1년에서 3년 사이가 12명(30.8%), 4년 이상 8년 이하가 9명(23.1%), 9년 이상이 11명(28.2%)으로 조사되었다. 이를 3년 미만과 3년 이상으로 분류하면 3년 미만이 48.7%, 3년 이상이 51.3%이다. 이러한 결과에 의할 때 응답한 직원의 근무경력은 전반적으로 고른 분포를 이룬다고 할 수 있다. 이를 표로 정리하면 다음과 같다.

<표 Ⅱ-5-1> 직원의 근무경력

구 분	빈 도(명)	백분율(%)
1년 미만	7	17.9
1년-3년	12	30.8
4년-8년	9	23.1
9년 이상	11	28.2
합 계	39	100.0

직원들이 나사렛대학교 이외에서 장애인과 관련하여 근무한 경험을 조사한 결과에 의하면 응답지원의 12.8%인 5명만이 나사렛대학교 이외에서 장애인과 관련한 근무를 하였으며, 나머지 87.2%인 34명은 나사렛대학교 이외에서 장애인과 관련한 근무경험이 없는 것으로 조사되었다. 이를 나사렛대학교 근무경력과 비교하여 보면 3년 이하의 직원에서 4명, 9년 이상에서 1명으로 조사되었으며, 4년에서 8년 사이의 경력 직원은 나사렛대학교 이외에서 장애인과 관련한 근무를 한 경험이 없는 것으로 나타났다. 이와 관련한 사항은 아래 <표 Ⅱ-5-2>와 같다.

<표 Ⅱ-5-2> 장애인과 근무한 경험과 나사렛대학교 근무 경력과의 관계

구 분	장애근무경험	
	있 다	없 다
1년 미만	2(28.6%)	5(71.4%)
1년-3년	2(16.7%)	10(83.3%)
4년-8년	0.0(0%)	9(100%)
9년 이상	1(9.1%)	10(90.9%)
합 계	5(12.8%)	34(87.2%)

행정직원의 전공과 관련한 설문조사에 의하면 응답한 직원 가운데 2명(5.1%)만이 장애관련 전공 출신이며, 나머지 37명(94.9%)은 장애와 관련이 없는 학과 출신이거나, 학력의 소유자로 나타났다. 이들 두 명의 장애

관련 전공자는 모두 나사렛대학교에서 3년 이내의 근무경력을 가지고 있는 것으로 나타났다. 이와 관련한 사항은 아래 〈표 Ⅱ-5-3〉과 같다.

<표 Ⅱ-5-3> 장애관련 전공 출신의 직원 빈도

구 분	빈 도(명)	백분율(%)
장애관련 전공출신	2	5.1%
비장애관련 전공출신	37	94.9%
합 계	39	100.0%

(2) 장애인 대학입학과 관련한 인식

장애인의 대학입학과 관련한 사항은 1) 장애인 대학 특례 입학이 장애인의 교육기회에 도움이 된다고 생각하는지, 2) 장애인의 대학교육이 졸업 후 그들의 취업에 도움이 된다고 생각하는지, 3) 장애를 이유로 장애인들에게 장학금을 지급하는 것이 바람직한지, 4) 학업을 적절히 수행하지 못하는 장애학생에게도 졸업장을 수여하는 것이 의미가 있는지에 대한 질문으로 이루어졌다. 이를 요약하면 다음과 같다.

① 장애인 특례입학에 대한 인식

장애인 특례입학이 장애인의 교육기회에 도움이 되는지에 대한 질문에서 9년 이상의 직원들은 모두 '매우 그렇다'(45.5%), '그렇다'(54.5%)의 반응을 나타내서 특례입학이 장애인의 교육기회에 긍정적인 역할을 한다고 생각하고 있는 것으로 나타났다. 1년 미만의 경우는 '그렇다'와 '매우 그렇다'를 합하여 71.5%, '아니다'가 28.5%로 나타났다. 1년 이상 3년 이하의 경우는 '매우 그렇다'와 '그렇다'의 응답이 75%, '아니다'의 응답이 25%로 나타나서 전반적으로 장애인의 대학 특례입학은 장애인의 교육기회에 도움이 된다고 인식하는 것으로 나타났다. 그러나 4-8년 사이의 직원들은 긍정

적인 응답이 44.4%, 부정적인 응답이 55.6%로 나타나서 장애인의 특례입
학이 장애인 교육기회에 대하여 도움이 된다는 것과 그렇지 않다는 인식이
비등한 것으로 나타났다.

〈표 Ⅱ-5-4〉 장애인 특례입학과 교육기회에 대한 인식

구 분	도움이 된다	도움이 안 된다
1년 미만	5(71.5%)	2(28.5%)
1년-3년	9(75.0%)	3(25%)
4년-8년	4(44.4%)	5(55.6%)
9년 이상	11(100%)	0(0.0%)
합 계	29(74.4%)	10(25.6%)

② 장애학생 대학 졸업과 취업에 대한 인식

'장애인의 대학교육은 졸업 후 취업에 도움이 된다고 생각하는가'에 대한
질문에 9년 이상의 경력을 가진 직원 11명 가운데 9명(82.0%)은 그렇다고
응답하였고, 4-8년 사이의 직원은 9명 가운데 3명(33.3%)이 도움이 된다
고 응답하였다. 1년 이상 3년 이하의 직원들은 72%인 9명이 대학졸업이 장
애학생이 졸업 후 직업을 갖는 데 유리하다고 응답하였다. 1년 미만의 직원
들 역시 71.4%인 5명이 긍정적인 응답을 하였다. 전체적으로 66.7%의 직
원들은 장애학생이 대학을 졸업하는 것은 취업에 도움이 된다고 인식하고 있
었으며, 33.3%의 직원들은 장애학생이 대학을 졸업하는 것이 취업에 그다
지 도움이 되지 않는다고 인식하는 것으로 나타났다. 이러한 결과에 의하면
나사렛대학교의 직원들은 전반적으로 장애학생이 대학을 졸업하는 것이 그렇
지 않은 것에 비하여 취업에 유리하다는 인식을 하고 있다고 할 수 있다.

<표 Ⅱ-5-5> 장애학생 대학 졸업과 취업에 대한 인식

구 분	도움이 된다	도움이 안 된다
1년 미만	5(71.5%)	2(28.5%)
1년-3년	9(72.0%)	3(28.0%)
4년-8년	3(33.3%)	6(66.7%)
9년 이상	9(82.0%)	2(18.0%)
합 계	26(66.7%)	12(33.3%)

③ 장애학생에 대한 장학금과 졸업장

장애학생에게 장애를 이유로 학교에서 장학금을 지급하는 것에 대한 반응에서 1년 미만의 근무경험이 있는 직원들은 지급하는 것(57.2%)과 그렇지 않은 것(42.8%)에 대한 반응이 비슷한 반면에, 1년에서 3년 사이의 직원들의 66.7%는 장애를 이유로 장학금을 주는 것에 대하여 바람직하지 않다고 생각하는 것으로 조사되었다. 이것은 근무연한이 많은 직원들에게서도 마찬가지로 나타나는데, 4-8년 사이의 근무경력이 있는 직원들 가운데 66.7%, 9년 이상 경력의 직원 72.7%도 같은 반응을 나타냈다. 전체적으로는 64.1%의 직원이 장애학생들에게 단지 장애를 이유로 장학금을 지급하는 것에 대하여 바람직하지 않게 생각하였으며, 35.9%의 직원들은 장애학생들에게는 장애를 이유로 장학금을 지급하는 것이 바람직하다고 인식하였다.

<표 Ⅱ-5-6> 장애를 이유로 한 장학금 지급에 대한 인식

구 분	도움이 된다	도움이 안 된다
1년 미만	4(57.2%)	3(42.8%)
1년-3년	4(33.3%)	8(66.7%)
4년-8년	3(33.3%)	6(66.7%)
9년 이상	3(27.3%)	8(72.7%)
합 계	14(35.9%)	25(64.1%)

또한 장애학생이 학업을 적절히 수행하지 못할 경우 이들에게 졸업장을

주는 것이 의미 있는가에 대한 질문에서 1년 미만의 경력을 소유한 직원은 85.7%가 의미가 없다고 반응하였으며, 1년에서 3년 사이의 경력 직원들은 75.0%가, 4년에서 8년 사이의 직원은 88.8%, 9년 이상의 경력을 가진 직원들도 7.7%가 단지 장애를 이유로 하여 대학의 졸업장을 장애학생에게 수여하는 것은 의미가 없다고 반응하였다. 전체 응답자의 79.5%가 의미가 없다고 반응한 반면에 20.5%만이 비록 학업을 적절하게 수행하지 못할지라도 장애학생에게 졸업장을 수여하는 것이 의미가 있다고 반응하였다. 각 경력에 따른 반응은 〈표 Ⅱ-5-7〉과 같다.

<표 Ⅱ-5-7〉 장애를 이유로 한 졸업장 수여에 대한 인식

구 분	의미 없다	의미 있다
1년 미만	6(85.7%)	1(14.3%)
1년-3년	9(75.0%)	3(25.0%)
4년-8년	8(88.8%)	1(11.2%)
9년 이상	8(72.7%)	3(27.3%)
합 계	31(79.5%)	8(20.5%)

이러한 직원들의 인식에 따르면 나사렛대학교의 직원들은 학업과 졸업을 위해서 비장애학생들이 보여주는 노력과 동일한 수준으로 장애학생들이 학업성취를 위하여 노력하여 줄 것을 요구하는 것으로 인식하고 있다고 할 수 있다.

(3) 각 장애영역별 행정지원에 대한 인식

각 장애영역별 행정지원에 대한 질문은 1) 지체장애, 2) 시각장애, 3) 청각장애, 4) 특정학습장애의 4개 장애 영역의 학생에 대한 학교의 행정지원에 대한 인식을 조사하는 것으로 구성되어 있다.

① 지체장애 학생에 대한 행정지원

지체장애 학생에 대한 나사렛대학교의 행정지원과 관련해서 직원들의 84%가 적극적으로 행정적인 지원을 하고 있다고 반응하였으며, 16%만이 '그렇지 않다'고 응답하였다. 응답자 중 '매우 그렇지 않다'고 응답한 직원이 한 사람도 없었다. 이러한 반응은 경력에 관계없이 동일한 수준이기 때문에 지체장애에 대한 나사렛대학교의 행정적인 지원에 대하여 직원들은 비교적 긍정적인 인식을 하고 있다고 할 수 있다.

〈표 Ⅱ-5-8〉 지체장애 학생에 대한 행정지원 인식

구 분	매우 적극적이다	적극적이다	다소 부족하다	매우 부족하다
1년 미만	1(14.3%)	4(57.1%)	2(28.6%)	0(0%)
1년-3년	2(16.7%)	7(58.3%)	3(25.0%)	0(0%)
4년-8년	1(11.1%)	6(66.7%)	2(22.2%)	0(0%)
9년 이상	3(27.3%)	8(72.7%)	0(0.0%)	0(0%)
합 계	7(17.9%)	25(64.1%)	7(17.9%)	0(0%)

② 시각장애에 학생에 대한 행정지원

시각장애 학생에 대한 나사렛대학교의 행정지원과 관련해서 직원들의 77%가 '매우 적극적이다'와 '적극적이다'의 긍정적인 반응을 보인 반면에 23%는 '그렇지 않다'고 응답하였다. 시각장애 학생에 대한 나사렛대학교의 행정지

〈표 Ⅱ-5-9〉 시각장애 학생에 대한 행정지원 인식

구 분	매우 적극적이다	적극적이다	다소 부족하다	매우 부족하다
1년 미만	1(14.3%)	3(42.9%)	3(42.9%)	0(0%)
1년-3년	1(8.3%)	8(66.7%)	3(25.0%)	0(0%)
4년-8년	0(0.0%)	7(77.8%)	2(22.2%)	0(0%)
9년 이상	3(27.3%)	7(63.6%)	1(9.1%)	0(0%)
합 계	5(12.8%)	25(64.1%)	9(23.1%)	0(0%)

원이 '매우 부족하다'고 느끼는 직원은 한 사람도 없었다.

③ 청각장애 학생에 대한 행정지원

청각장애 학생에 대한 나사렛대학교의 행정지원과 관련해서 직원들의 85%가 나사렛대학교는 청각장애 학생들에 대하여 행정적으로 적극적인 지원을 한다고 인식하고 있었으며, 15%의 직원만이 지원이 부족하다고 응답하였다.

〈표 Ⅱ-5-10〉 청각장애 학생에 대한 행정지원 인식

구 분	매우 적극적이다	적극적이다	다소 부족하다	매우 부족하다
1년 미만	1(14.3%)	4(57.1%)	2(28.6%)	0(0%)
1년-3년	2(16.7%)	9(75.0%)	1(8.3%)	0(0%)
4년-8년	0(0.0%)	7(77.8%)	2(22.2%)	0(0%)
9년 이상	3(27.3%)	7(63.6%)	1(9.1%)	0(0%)
합 계	6(15.4%)	27(69.2%)	6(15.4%)	0(0%)

④ 특정학습장애에 대한 행정지원

나사렛대학교의 학습장애 학생에 대한 정의는 학습장애 판별 등에 대한 조사나 자료가 마련되지 않았기 때문에 소위 말하는 특정학습장애 학생으로 진단하기에는 매우 문제가 크다. 따라서 이들은, 단순 학습부진(혹은 지진), 또는 정신지체, 자폐성 장애, 정서장애 등의 발달장애 학생에 대한 점잖은 표현이라고 할 수 있다.

이들에 대한 학교의 지원에 대하여 학교가 '매우 적극적'이라는 반응은 10%에 불과하며, '그렇다' 49%, '그렇지 않다' 38.5%, '매우 그렇지 않다'의 응답도 2.6%로 조사되었다. 이러한 결과에 의하면 나사렛대학교의 소위 학습장애 학생에 대한 행정적인 지원은 다른 장애학생들에 대한 행정적인 지원에 비하여 매우 열악한 수준이라고 할 수 있다.

<표 Ⅱ-5-11> 학습장애 학생에 대한 행정지원 인식

구 분	매우 적극적이다	적극적이다	다소 부족하다	매우 부족하다
1년 미만	1(14.3%)	2(28.6%)	3(42.9%)	1(14.3%)
1년-3년	1(8.3%)	4(33.3%)	7958.3%)	0(0%)
4년-8년	0(0%)	5(55.6%)	4(44.4%)	0(0%)
9년 이상	2(18.2%)	8(72.7%)	1(9.1%)	0(0%)
합 계	4(10.3%)	19(48.7%)	15(38.5%)	1(2.6%)

이상과 같이 나사렛대학교의 장애학생에 대한 행정적인 지원 인식 가운데 '매우 그렇다'는 반응은 지체장애 18%, 청각장애 15%, 시각장애 13%, 학습장애 10% 순으로 나타났다. 그러나 '그렇다'는 긍정적인 응답은 지체장애 64%, 시각장애 64%, 청각장애 69%, 학습장애 49%로 조사되어, 학습장애를 제외하고는 지체·시각·청각장애 학생에 대한 나사렛대학교의 행정지원에 대한 직원들의 인식은 비슷하다고 할 수 있다.

(4) 교수들의 장애학생 교육에 대한 직원들의 인식

나사렛대학교는 재활복지 특성화를 표방하고 있으며, 이를 대내외적으로 홍보하고 있다. 이러한 홍보는 목표를 위하여 어떻게 내실을 쌓아 가느냐에 따라서 나사렛대학교의 비전 제시로 자리매김할 수도 있고, 그렇지 않을 경우는 단순한 과대광고의 수준으로 전락할 수도 있다.

이러한 차원에서 교육의 핵심적인 역할을 담당하는 재활복지 특성화와 관련한 학과의 교수들이 과연 실제적으로 각 분야에서 특성화에 걸맞은 전문적인 지식 혹은 능력을 가지고 있는지, 또한 구성원들인 행정직원들은 관련 교수들에 대하여 어떠한 평가를 하고 있는지를 알 필요가 있다. 대학 교수들의 능력에 대한 평가는 본 연구의 범위를 넘어서는 것이기에 일단 유보하기로 하고, 여기서는 1) 나사렛대학교의 교수들이 장애학생의 교육을 위하여 노력하고 있는지에 대한 직원들의 의식조사, 2) 관련학과의 교수들의 전문성에 대한 직원들의 인식을 조사하였다.

① 교수들의 장애학생 교육에 대한 직원들의 인식

나사렛대학교의 전체 직원들 가운데 50%는 교수들이 장애학생의 교육을 위하여 '노력하고 있다'고 반응한 반면에, 42%는 '그렇지 않다'고 반응하였다. 교수들이 장애학생의 교육에 '매우 노력하고 있다'는 반응은 전체 직원 38명 가운데 2명인 5.3%만이 응답을 하였고, '전혀 아니다'라고 반응한 직원도 1명인 2.6%로 조사되었다. 전체적으로는 '노력한다'는 반응(55.3%)이 '그렇지 않다'는 반응(43.7%)에 비하여 다소 높게 조사되었다.

〈표 Ⅱ-5-12〉 장애학생 교육에 대한 교수들의 노력에 대한 직원의 인식

구 분	교수들의 장애학생교육에 대한 노력			
	매우 그렇다	그렇다	아니다	전혀 아니다
1년 미만	0(0.0%)	4(57.1%)	3(42.9%)	0(0.0%)
1년-3년	1(8.3%)	6(50.0%)	4(33.3%)	1(8.3%)
4년-8년	0(0.0%)	2(22.2%)	7(77.8%)	0(0.0%)
9년 이상	1(10.0%)	7(70.0%)	2(20.0%)	0(0.0%)
합 계	2(5.3%)	19(50.0%)	16(42.1%)	1(2.6%)

② 장애관련학과 교수들의 전문성에 대한 직원들의 인식

장애관련학과 교수들의 전문성의 정도를 직원들에게 조사하는 것은 교수들에 대한 자존심을 손상케 할 수 있는 설문이 될 수도 있기 때문에 매우 신중한 물음이라고 할 수 있다. 전문성에 대한 평가는 전문적인 평가의 도구에 의하여 이루어졌을 때 올바른 결과가 나타날 수 있다. 따라서 여기서 실시된 장애관련학과 교수들의 전문성에 대한 질문은 교수의 실제적인 능력을 평가하는 것이 아니라, 직원들이 장애관련학과 교수들에 대한 인식의 정도를 평가하는 것에 불과하다고 할 수 있다.

연구결과에 의하면 응답한 직원의 61.5%인 24명이 장애관련학과의 교

수들은 충분한 전문성을 가지고 있다고 반응하였으며, 2(5.1%)명은 매우 충분한 전문성을 가졌다고 응답하였다. 반면에 나사렛대학교의 장애관련학과 교수들의 전문성이 충분하지 않다고 반응한 직원도 응답자의 12명인 30.8% 로 나타났다. 이러한 결과에 의하면 직원들의 3분의 2는 교수들의 전문성을 긍정적으로 바라보고 있으며, 3분의 1은 전문성이 부족하다고 인식한다고 할 수 있다.

〈표 Ⅱ-5-13〉 장애관련학과 교수들의 전문성에 대한 직원들의 인식

구 분	장애관련학과 교수들의 전문성에 대한 인식			
	매우 그렇다	그렇다	아니다	전혀 아니다
1년 미만	0(0.0%)	5(71.4%)	2(28.6%)	0(0.0%)
1년-3년	1(8.3%)	7(58.3%)	3(25.0%)	1(8.3%)
4년-8년	0(0.0%)	5(55.6%)	4(44.4%)	0(0.0%)
9년 이상	1(9.1%)	7(63.6%)	3(27.3%)	0(0.0%)
합 계	2(5.1%)	24(61.5%)	12(30.8%)	1(2.6%)

(5) 장애학생 지원과 관련한 학교 운영에 대한 인식

장애학생 지원과 관련한 학교 운영에 대한 직원들의 인식에 대한 질문은 1) 법인의 관심, 2) 장애학생 지원에 대한 예산, 3) 장애학생의 비율 4) 대학의 비전, 5) 전담직원, 6) 장애학생 취업노력, 7) 나사렛대학교의 장애인 채용, 8) 나사렛대학교의 시설 9) 기자재의 확보, 10) 장애학생의 행정서비스 지원을 위한 연수의 참여 등으로 이루어졌다.

① 법인의 장애학생 교육에 대한 관심

나사렛대학교의 법인이 장애학생의 교육에 대하여 어느 정도 관심을 보이고 있다고 생각하는지에 대한 직원들의 반응은, '관심을 보이고 있다'는 반응이 64%, '그렇지 않다'는 반응이 36%로 나타났다. 이러한 결과에 의하

면 직원들의 약 3분의 1은 나사렛대학교의 법인이 장애학생의 교육에 대한 관심이 부족하다고 인식하고 있음을 알 수 있다.

② 장애학생 지원에 대한 예산

나사렛대학교는 장애학생의 지원을 위한 예산이 충분한지에 대한 질문에 대하여 직원들의 59%는 '충분하지 않다'고 응답하였으며, 41%는 '충분하다'고 응답하였다. 1년 이상 3년 이하 직원들의 경우는 75%가 예산이 '충분하지 않다'고 인식하고 있는 반면에, 4년 이상의 경력직원들은 약 50% 정도가 '그렇지 않다'고 응답하여, 경력이 많은 직원들의 경우는 '예산이 충분하다'와 '그렇지 않다'의 의견이 비슷하다고 할 수 있다.

③ 장애학생의 비율

나사렛대학교의 운영규모에 비하여 장애학생의 비율이 적절한지에 대한 질문에 대하여 약 67%의 직원들은 적절하지 않다고 반응하였으며, 33%의 직원들이 적절하다고 응답하였다. 이러한 결과에 의할 때 나사렛대학교 직원의 3분의 2는 나사렛대학교의 규모에 비하여 장애학생의 비율이 적절하지 않다고 인식하고 있다고 할 수 있다. 특히 4-8년 정도의 경력을 가진 직원들의 경우는 88.9%가 적절하지 않다고 인식하는 것으로 나타났다. 그러나 1년 미만의 경력을 가진 직원들은 57%가 장애학생의 비율이 적절하다고 인식하는 것으로 나타났다.

④ 장애학생 고등교육과 관련한 대학의 비전 실현

재활복지 특성화를 표방하고 있는 나사렛대학교가 장애학생의 고등교육으로 한국에서 가장 우수한 대학이 될 수 있다고 생각하는지에 대한 질문에 대하여 직원의 77%는 긍정적으로 여기고 있었으며, 23%는 그렇지 않다고 응답하였다. 9년 이상의 직원들은 100% 나사렛대학교가 장애학생의 고등교육에서 한국에서 가장 우수한 대학이 될 수 있다고 인식하는 것으로 나타났으며, 1년-3년 경력의 직원들도 75%, 1년 미만의 직원들의 86%도 비전이 있다고 인식하는 것으로 나타났다. 4년에서 8년 사이의 경력직에서는 44.4%의 직원들이 비전에 대하여 공감하였으며, 56%의 직원들이 나사렛대학교의 비전실현이 다소 미흡하다고 인식하는 것으로 조사되었다.

⑤ 장애학생 지원을 위한 전담직원의 필요성

장애학생에 대하여 좀 더 많은 전담직원이 필요한지에 대한 질문에 대하여 1년 미만의 직원들은 100% 그렇다고 응답한 반면, 1년에서 3년 경력의 직원은 75%, 9년 이상의 직원은 73%가 전담직원의 필요성을 느끼고 있었다. 이에 반하여 4-8년의 직원은 전담직원의 필요성을 33%만이 느끼고 있었다.

⑥ 장애학생의 취업 지원

나사렛대학교가 장애학생의 취업을 위하여 필요한 조건들을 잘 갖추고 있는지에 대한 질문에 대하여 78%의 직원들이 그렇지 않다고 응답을 하였으며, 22%의 직원들은 취업을 위한 요건이 잘 갖추어져 있다고 응답하였다. 4-8년 경력의 직원들은 나사렛대학교의 장애학생 취업 지원이 잘 갖추어져 있지 않다고 100% 응답하였다.

⑦ 장애인을 대학의 직원으로 채용하는 문제

나사렛대학교의 직원 가운데 장애인들이 좀 더 많아야 하는지에 대한 질문에 대하여 전체 직원의 61%가 아니라고 인식하고 있었으며, 39%는 직원 채용 시 장애인을 좀 더 채용하여야 한다고 인식하는 것으로 나타났다. 9년 이상 경력 직원의 80%가 장애를 가진 직원이 좀 더 많아야 하는지에 대하여 그렇지 않다고 인식하고 있는 반면에, 1년 미만의 직원들은 71%가 장애인이 직원으로 채용되어야 한다고 생각하고 있어서, 다른 관점의 입장을 취하고 있는 것으로 나타났다.

⑧ 나사렛대학교의 시설

나사렛대학교의 시설이 장애학생을 위하여 적절한지에 대한 질문에 대하여 1년 미만의 경력직원의 71%는 아니라고 인식하고 있었으며, 9년 이상의 직원들의 90%는 적절하다고 인식하고 있어서 경력 간에 차이가 나타남을 알 수 있다. 1년-3년 사이의 직원과 4-8년 사이의 직원들의 인식은 비슷한 수준이었는데, 전체적으로는 59%가 적절하다고 인식하였으며, 41%가 나사렛대학교의 시설이 장애학생을 위하여 좀 더 많은 투자가 필요하다고 느끼는 것으로 조사되었다.

⑨ 기자재의 확보와 활용

나사렛대학교는 장애학생을 지원하기 위한 기자재가 적절하며 이것이 충분히 활용되고 있는지에 대한 질문에 대하여 전체 직원의 69%가 그렇다고 응답하였으며, 31%가 그렇지 않다고 인식하고 있는 것으로 조사되었다.

⑩ 장애학생 행정지원에 대한 연수의 유무

나사렛대학교의 직원들이 장애학생의 행정지원과 관련하여 학교에서 연수를 받은 적이 있는지에 대한 질문에 대하여 18%인 7명만이 연수의 경험이 있다고 응답하였으며, 82%인 32명은 학교에서 연수를 받은 적이 없다고 응답하였다. 이러한 결과에 의하면 나사렛대학교는 재활복지 특성화에 대한 비전을 추구하고 있음에도 불구하고, 직원들에게 필요한 연수가 부족했음을 알 수 있다.

(6) 장애학생 지원과 관련한 직원들의 정서적 분위기

장애학생 지원과 관련한 직원들의 정서적 분위기는 1) 장애학생들에게 서비스를 제공하면서 보람을 느끼는지, 2) 장애학생을 지원하는 일들이 불공평하게 부담으로 작용하는지, 3) 부처 간 혹은 직원 간에 장애학생의 행정지원과 관련하여 의견의 충돌이 있는지에 대한 질문들로 이루어졌다.

① 장애학생 행정지원에 대한 보람

장애학생에 대하여 서비스를 제공하면서 직원들이 보람을 느끼는지에 대한 질문에 대하여 전체 직원의 82%가 보람을 느낀다고 응답하였으며, 18%가 그렇지 않다고 응답하였다. 경력별 보람에 대한 인식의 정도는 〈표 Ⅱ-5-14〉와 같다. 그러나 보람에 대한 평가가 당연히 행정지원을 해야 했기 때문에 보람을 느껴야 할 필요가 없다고 인식하고 있기 때문에 나타난 반응인지, 그렇지 않다면 장애학생에게 지원을 했기 때문에 좀 더 보람을 느끼고 있었는지에 대한 심층적인 분석과 해석은 현재의 결과로는 알기 어렵다고 할 수 있다.

〈표 Ⅱ-5-14〉 장애학생 행정지원에 따른 보람

구 분	장애학생 행정지원의 보람			
	매우 그렇다	그렇다	아니다	전혀 아니다
1년 미만	2(28.6%)	3(42.9%)	2(28.6%)	0(0)%
1년-3년	2(16.7%)	9(75.0%)	1(8.3%)	0(0)%
4년-8년	0(0.0%)	5(55.6%)	4(44.4%)	0(0)%
9년 이상	3(27.3%)	8(72.7%)	0(0.0%)	0(0)%
합 계	7(17.9%)	25(64.1%)	7(17.9%)	0(0)%

② 장애학생 지원에 대한 개인적 부담

장애학생의 지원과 관련된 일들이 불공평하게 자신에게 부담으로 작용하는지에 대한 질문에 대하여 직원들은 어떻게 인식하고 있는지를 알아본 결과, 전체 직원의 77%는 장애학생에 대한 지원이 개인적으로 불공평하게 여겨지지 않는다고 응답하였으며, 23%는 개인적으로 불공평하게 여겨진다고 응답하였다. 전체적인 의견에 대한 결과에 의하면 장애학생 지원에 대하여

직원들은 불공평하다고 지각할 만큼 부담스럽게 여기지는 않는 것으로 조사
되었다.

<표 Ⅱ-5-15> 장애학생 지원에 대한 개인적 부담감

구 분	장애학생 지원에 대한 부담감			
	매우 그렇다	그렇다	아니다	전혀 아니다
1년 미만	1(14.3%)	1(14.3%)	5(71.4%)	0(0.0%)
1년-3년	1(8.3%)	3(25.0%)	8(66.7%)	0(0.0%)
4년-8년	0(0.0%)	2(22.2%)	7(77.8%)	0(0.0%)
9년 이상	0(0.0%)	1(9.1%)	7(63.6%)	3(27.3%)
합 계	2(5.1%)	7(17.9%)	27(69.2%)	3(7.7%)

③ 장애학생 지원에 대한 부처 간 의사소통

장애학생의 행정적인 지원과 관련하여 부처 간 혹은 직원 간에 마음이
상한 적이 있는지에 대한 질문에 대하여 전체 직원의 67%는 부처 간 혹은
개인 간에 마음이 상한 적이 없다고 응답하였으며, 약 33%의 직원들은 부
처 간 혹은 개인 간에 장애학생의 지원과 관련하여 마음이 상한 적이 있다
고 응답하였다. 이와 관련하여 4-8년의 실무에 가장 능하다고 평가할 수
있는 직원들의 경우는 56%가 부처 간 혹은 개인 간에 장애학생의 행정지

<표 Ⅱ-5-16> 장애 학생 행정지원과 관련한 부처 간 의사소통

구 분	장애학생지원에 대한 부처 간 의사소통의 문제			
	매우 그렇다	그렇다	아니다	전혀 아니다
1년 미만	0(0.0%)	2(28.6%)	3(42.9%)	2(28.6%)
1년-3년	2(16.7%)	2(16.7%)	8(66.7%)	0(0.0%)
4년-8년	0(0.0%)	5(55.6%)	4(44.4%)	0(0.0%)
9년 이상	0(0.0%)	2(18.2%)	6(54.5%)	3(27.3%)
합 계	2(5.1%)	11(28.2%)	21(53.8%)	5(12.8%)

원으로 마음이 상한 적이 있다고 응답하였다.

4) 논 의 및 결 론

(1) 직원들의 인적 구성

설문에 응답한 직원은 총 39명이었으며, 1년 미만의 경력을 갖춘 직원이 7명, 1-3년 사이의 경력직원이 12명, 4-8년의 직원이 9명, 9년 이상이 11명이었다. 직원들의 장애전공 출신과 관련하여서는 39명의 직원 중 2명만이 장애관련 전공 출신이며 37명은 장애관련 전공 출신이 아니었다. 또한 나사렛대학교 이외에서 장애관련 행정지원을 한 경험의 유무와 관련해서는 응답자의 5명인 12.8%만이 나사렛대학교 이외에서 장애인과 관련한 근무를 하였으며, 나머지 87.2%인 34명은 나사렛대학교 이외에서 장애인과 관련한 근무경험이 없는 것으로 조사되었다.

이러한 결과에 의할 때 나사렛대학교는 재활복지 특성화와 관련한 비전을 실천하고자 하고 있으면서 행정직원들의 선발과 관련해서는 이와 관련한 직원들을 선발하지 않는다고 할 수 있다. 비록 행정직원들을 장애관련 출신으로 뽑아야 할 이유가 없다고 할지라도, 나사렛대학교에 장애학생들이 많음을 감안할 때, 직원에게 다양한 장애관련 연수를 실시하여 장애학생에 대한 이해를 통하여 구성원 전체가 재활복지 특성화에 대하여 한 마음을 갖도록 할 필요가 있는데, 이러한 노력도 부족하다고 할 수 있다. 왜냐하면, 장애학생의 행정서비스 지원을 위하여 학교에서 연수를 받은 직원들은 7명에 불과하며, 응답자의 32명은 그러한 연수에 참가한 적이 없다고 하였기 때문이다.

따라서 지속적으로 장애학생에게 행정적인 지원을 한 경험이 있는 유능한 직원을 선발하거나, 현재 직원들에게 장애관련 다양한 연수를 실시하여, 나사렛대학교의 특성화에 대하여 교수, 직원, 학교 당국이 힘을 합하여 추진해 나갈 수 있도록 할 필요가 있다.

(2) 장애인 대학입학에 대한 직원들의 인식

나사렛대학교의 직원들은 전반적으로 장애인의 대학입학에 긍정적인 평가를 하는 것으로 나타났다. 그러나 이들이 장애라는 이유만으로 장학금을 지급하거나 졸업장을 수여하는 것과 같은 방법에는 찬성하지 않는 것으로 나타났다. 즉, 장애인에게 교육을 시키는 것은 당연하지만, 그들도 졸업을 위하여 노력하여야 하며, 장애를 이유로 행정지원 이외에 특별한 특권을 누려서는 안 된다는 인식을 하고 있는 것으로 조사되었다.

직원들의 이러한 인식을 기본으로 할 때 결국 장애인들의 고등교육에 대하여 나사렛대학교가 긍정적인 역할을 하고 있다고 직원들은 평가하고 있는 것으로 해석할 수 있다. 그러나 장애학생들이 장애를 이유로 특별한 장학금이나 특권을 받아서는 안 된다고 직원들이 인식하고 있는 것에서 결국, 그들이 학업을 성실하게 수행하게 하기 위해서는 특권이 아닌 적절하고 적합한 행정적인 지원이 장애학생의 교육에 필수적인 요건임을 다시 한 번 상기할 수 있을 것이다. 따라서 나사렛대학교는 장애학생에게 더욱 적절하고 다양한 행정지원을 실시하여야 장애학생을 위한 고등교육기관으로서 명실상부한 위상을 유지해 나갈 수 있을 것이다.

(3) 각 장애영역에 대한 행정지원

나사렛대학교의 직원들은 장애학생에 대한 행정적인 지원에 대하여 전반적으로 긍정적인 평가를 하는 것으로 나타났다. 이것은 위에서 제시한 것과 같이 나사렛대학교가 장애학생의 고등교육을 위해서 입학의 기회를 제공할 뿐만 아니라, 실제적인 행정적인 지원에 대하여도 어느 정도 현실적인 여건을 갖추고 장애학생들에게 교육을 실시하고 있다고 직원들이 평가하기 때문이라고 할 수 있다.

나사렛대학교가 장애학생의 행정지원을 위하여 노력하고 있는 순서는 주로 지체장애, 청각장애, 시각장애의 순으로 인식하고 있으며, 학습장애에 대하여도 49%의 직원들이 긍정적으로 행정지원을 하고 있다고 인식하고 있었다. 그러나 다른 장애 영역에서 긍정적인 행정지원을 하고 있다는 반응이 평균적으로 65% 수준인 데 비하여 학습장애와 관련해서는 49%만이 긍정적으로 반응한 점에서 이들의 관리에 대한 학교의 발상의 전환이 필요하다고 할 수 있다. 달리 말하면 이러한 통계치는 마치 계륵(鷄肋)과 같아서 학교의 결단을 요구한다고 할 수 있다.

즉, 이미 입학한 학습장애 학생으로 명명된 학생들의 행정지원을 위하여 보다 노력을 실시할 필요성과 함께, 이들을 다른 장애영역의 학생에 대한 학교의 지원 수준으로(직원들의 인식수준으로, 혹은 실제적으로 장애 재학생들의 인식수준으로) 행정지원을 끌어올릴 것인지, 아니면 학습장애 영역에 투자하는 대신에 다른 장애영역의 행정적인 지원을 차라리 현재의 60%에서(직원들의 인식수준에서 혹은 실제적인 행·재정적인 지원 강도의 수준에서) 80%이상으로 끌어올릴지에 대하여 결정할 필요가 있다. 이를 위해서는 점차로 학습장애로 명명된 학생의 입학에 대한 비율 등에 대한 재고가 필수적이라고 할 수 있다.

달리 말하면 지속적으로 학습장애라고 명명된 학생들을 입학정원에 포함하여 졸업을 시켜야 하는지, 그렇지 않으면 이들에게 별도의 수료과정을 이수토록 하여야 하는지에 대한 학교 차원의 논의 및 결단이 필요하다고 할 수 있다.

(4) 교수들의 전문성에 대한 직원들의 인식

직원들의 인식에 의존하여 관련학과 교수들의 전문성에 대한 평가를 요구한 것은, 객관적인 평가 못지않게 직원들의 주관적인 인식의 정도가 나사렛대학교가 추구하고 있는 재활복지 특성화에 미치는 영향이 크다고 판단하였기 때문이다. 다시 말하면 교수들에 대한 인식의 정도에 따라서, 장애학생의 교수활동에 대한 직원들의 행정 지원에 대한 질적 수준이 달라질 수 있으며, 이에 따라 나사렛대학교가 추구하는 재활복지 특성화의 수준도 달라질 수 있다고 가정할 수 있기 때문이다.

이러한 측면에서 본다면 행정을 지원하는 직원들과, 학생을 지도하는 교수들 간의 상호의존성은 매우 높다고 할 수 있다. 이 두 그룹의 조화가 곧 나사렛대학교의 재활복지 특성화에 대한 바람직한 결과를 맺는 시금석이 된다는 측면에서, 우선적으로 직원들의 장애관련학과 교수들의 전문성에 대한 인식을 조사할 필요가 있었다. 추후에는 직원들의 행정지원에 대한 교수들의 인식도 조사할 필요가 있다. 또한 이러한 결과는 단순히 상대를 평가하는 수준에서 그치는 것이 아니라, 어떻게 하면 각각의 전문성을 인정하면서 나사렛대학교가 발전할 수 있는 동인(動因)으로 활용할 것인지를 모색하는 중요한 정보로 활용되어야 할 것이다.

나사렛대학교의 전체 직원들 가운데 50%는 교수들이 장애학생의 교육을 위하여 노력하고 있다고 반응한 반면에, 42%는 그렇지 않다고 반응하였다. 그러나 이러한 부정적인 결과가 반드시 부정적인 것을 의미하는 것은 아니라고 할 수 있다. 왜냐하면 기본적으로 나사렛대학교의 교수들이 대학에서 장애학생을 가르치기 위하여 임용된 것은 아니기 때문이다. 그러나 현재 나사렛대학교에 장애를 가진 학생들이 많다는 것을 감안할 때, 현실적으로 이들에 대한 배려를 떠나서는 바람직한 교육의 행태를 주장하기 어렵다. 이러한 측면에서 나사렛대학교의 교수들이 장애학생의 교육을 위하여 노력하고 있지 않다고 응답한 42%의 직원 응답에 대하여 관심을 기울일 필요는 있다.

장애관련 학과 교수들의 전문성에 대한 직원의 응답과 관련해서는 응답한 직원의 61.5%인 24명은 장애관련학과의 교수들은 충분한 전문성을 가지고 있다고 반응하였으며, 2명(5.1%)은 매우 충분한 전문성을 가졌다고 응답하였지만, 나사렛대학교의 장애관련학과 교수들의 전문성이 충분하지 않다고 반응한 직원도 응답자의 12명인 30.8%로 나타났다. 장애관련 학과 교수의 전문성에 대한 직원들의 평가는 나사렛대학교 전체 교수들의 장애학생에 대한 적절한 노력에 대한 평가보다 다소 높다. 그러나 직원의 30.8%인 12명이 장애관련학과 교수들이 적절한 전문성을 갖고 있지 않다고 판단한 것은 여러 가지 시사하는 바가 크다.

예를 들어 장애관련 학과 교수 개인의 전문성이 매우 떨어지기 때문에 이러한 평가가 이루어질 수도 있으며, 혹은 교수와 전공에 대한 배치가 적절하지 않기 때문에 이러한 결과가 발생할 수도 있다. 이러한 측면에서 교수 개인의 노력뿐만 아니라, 학교는 각 전공에 알맞은 교수요원을 선발할 필요가 있다. 예를 들면, 최초의 전임교수 충원에서부터 전공의 중복이나 근시안적인 채용 등에서 벗어나서 학교 전체의 교수충원에 대한 큰 그림 속에서 교수를 충원할 필요가 있다. 이를 위해서는 재활복지, 특수교육학부의 교수들에게 있어 교수 충원에 대한 상호 역할 분담과 이해가 선행되어야 할 것이다. 이러한 논의는 각 학과간의 이해와 이익과 밀접한 관계가 있어서 때로 부정적인 논의가 진행되어질 수 있지만, 인사(人事)가 만사(萬事)라는 측면에서 재활복지, 특수교육 관련 교수 충원에 대한 위원회 등의 모임도 설치해서 활용해볼 만하다고 제안할 수 있다.

이상의 결과에 의하면 교수들은 어느 과에 소속되어 있든지 장애학생의 지도에 대하여 좀 더 신중하게 지도할 필요성이 있다. 비록 그것이 행정직원에게 잘 보이기 위한 것은 아니라고 할 수 있지만, 행정직원들과 공조하기 위해서는 좀 더 성실한 태도를 보일 필요성이 있다. 또한 장애관련 학과의 교수들 역시 그들의 전문성에 대하여 행정직원이 판단할 사항은 아니지만, 행정직원들이 자신의 전문성을 잘 알 수 있도록 긍정적인 활동을 보여주는 것들이 필요하다고 할 수 있다.

여기서 말하는 긍정적인 활동은 연구업적 등에 대한 평가를 포함하여 직원들에게 장애 관련 연수 등을 실시함으로써 자신의 전문성을 직원들과 공유할 필요가 있다는 것을 의미하는 것이다. 전반적으로 교수들은 좀 더 객관적으로 나사렛대학교의 장애학생의 교육을 위하여 긍정적인 역할을 수행하고 있다고 평가받을 만한 노력을 기울일 필요가 있다고 할 수 있다.

(5) 장애학생 관련 부처 간 협력과 직원들의 정서

장애학생의 행정적인 지원과 관련하여 응답한 전체 직원의 67%는 부처 간 혹은 개인 간에 마음이 상한 적이 없다고 응답하였으며, 약 33%의 직원들은 장애학생을 위한 행정적인 지원과 관련한 문제로 부처 간 혹은 개인 간에 마음이 상한 적이 있다고 응답하였다. 특히 4-8년의 실무에 능하다고 평가할 수 있는 직원들의 경우는 56%가 부처 간 혹은 개인 간에 장애학생의 행정지원으로 마음이 상한 적이 있다고 응답하였다.

이들이 나사렛대학교의 행정적인 처리에서 중추적인 역할을 수행한다고 전제하였을 때, 이들이 장애학생의 행정지원과 관련하여 보다 협력적인 분위기에서 근무하도록 할 필요가 있다. 왜냐하면 이들의 부담이 단순히 개인적인 것이 아니라 구조적인 측면이 더 크다고 판단될 수 있기 때문이다. 예를 들어, 장애학생 지원에 대한 개인적인 부담감에 대하여 직원들의 77%는 불공평하지 않다고 응답하였기 때문에 구조적으로 더욱 협력할 수 있는 시스템이 마련된다면 개인적인 만족감이나 부처 간 불합리한 갈등의 해소에 기여할 수 있을 것으로 판단된다. 이를 위해서는 근무자들의 장애학생을 중심으로 한 부처 간 공감대를 형성할 수 있는 프로그램이나 연수를 기획하여 실시하는 것도 필요하다고 할 수 있다.

(6) 대학의 비전

재활복지 특성화와 관련한 나사렛대학교의 비전에 대하여 직원들은 대체로 긍정적으로 인식하고 있는 것으로 조사되었다. 예를 들어 9년 이상의 직원들은 나사렛대학교가 장애학생의 고등교육으로 한국에서 가장 우수한 대학이 될 수 있다고 생각하는지에 대한 질문에 대하여 100% 긍정적인 반응을 보였다. 그리고 경력이 적은 1년-3년의 직원들도 75%가 그렇다고 응답하였다. 이제 막 입사한 1년 미만의 직원들의 86%도 비전이 있다고 인식하는 것으로 나타났다.

그러나 4년에서 8년 사이의 경력직에서는 44.4%의 직원들이 비전에 대하여 공감하였으며, 56%의 직원들이 나사렛대학교의 비전실현이 다소 미흡하다고 인식하였다. 이는 다른 경력직원들이 보여주는 평가와는 상반된 반응이라고 할 수 있다. 어찌 보면 이들의 평가가 나사렛대학교에서 가장 현실성 있는 경험에서 우러나온 평가라고 판단할 수 있을 것이다. 일정 수준 근무하게 되면 현실과 비전에서 갈등을 할 수 있는 것이 자연스러운 현상이라고 할 수 있기 때문이다. 그러나 현재와 같이 1년 미만의 직원의 반응과 4-8년 사이의 직원 반응이 약 절반의 수준으로 감소되는 것에서 나사렛대학교 비전 실현의 방향성과 실제성을 살펴볼 필요가 있다.

조사 결과와 같이 4-8년 사이의 직원들이 장애학생 개인에 대한 지원 등에 대하여 개인적으로 불만의 요소가 현저하게 적은데도 불구하고, 비전의 실현에 대한 인식에서는 다른 경력층에 비하여 상대적으로 많이 떨어지는 것은 구조적으로 이들의 역할이 적절하지 못하다는 것에 기인하는 것으로 해석할 수 있을 것이다. 따라서 이들에게 보다 적극적으로 학교의 비전 실천에 대한 구조적인 역할에 대하여 강조할 수 있는 프로그램을 개발할 필요성이 있다. 또 이들의 근무에 대한 분석을 통하여 근무의 만족도에 대한 현실적인 보완을 실시하는 것도 필요하다고 판단된다.

Ⅲ

종합 논의

1. 요 약

1) 2005학년도 나사렛대학교 장애학생 현황

2005학년도 나사렛대학교 장애학생 현황을 요약하면 다음과 같다. 첫째, 나사렛대학교는 개별 학생에 대한 종합정보 시스템이 미흡하였다. 장애학생의 정보는 대표적으로 점자음성전자교육정보센터, 교무처, 입시학생처에 산재해 있었는데 여기에 각 전공별, 학교 소속 기관별, 부모교수별 장애학생에 대한 정보들이 각각 관리되고 있는 실정이다. 이러한 상황은 장애학생뿐만 아니라 다른 모든 학생에 대해서도 마찬가지였다. 학생 정보관리의 체계가 부족함으로 인한 자료 중복, 부정확, 일관성 없음, 낭비 등의 결과를 야기하고 있었다.

둘째, 나사렛대학교는 매년 장애학생이 큰 폭으로 늘어나고 있는 추세이며 장애학생의 대부분은 중증지체·청각·시각장애를 가지고 있었다. 장애학생의 전공은 매우 광범위한데 222명 중 26.6%가 인간재활학 전공,

24.3%가 사회복지학 전공이었다. 9명 이상의 장애학생이 있는 전공은 인터넷정보학, 전산정보학, 신학, 특수교육, 유아특수교육이었다. 장애학생의 68.1%는 평균 3.0점 이상의 학점을 받고 있었고 일반전형과 특별전형 장애학생간의 유의미한 차이는 없었다.

셋째, 2005학년도 4월 1일 기준으로 34명 장애졸업생 중 30%가 취업을 하였는데 이들은 모두 특별전형으로 입학한 장애졸업생이었고 일반전형으로 입학한 장애학생은 한 명도 취업하지 못한 것으로 나타났다.

2) 장애학생을 위한 취업지원 실태 및 욕구

장애대학생들의 취업을 지원하는 서비스 내용의 제한 등으로 재학 중 취업지원 서비스를 이용하는 전체 실적이 저조하므로 장애대학생들의 장애유형과 장애정도, 욕구에 맞는 다양한 프로그램의 개발 및 서비스를 활성화시킬 수 있는 방안으로 취업전담부서의 필요성을 높이 인식하고 있었다.

장애학생의 성별, 학년, 학업성취 정도에 따라 대학생활 적응에 유의미한 차이가 있었고, 학업성취 정도에 따라 진로결정수준에 유의미한 차이가 나타났다. 따라서 장애대학생의 대학생활 적응에 있어서 여학생들에 대한 관심이 요청되고 있고, 장애여학생들의 동아리 활동 등을 포함한 적극적인 학교활동과 다양한 인간관계형성을 위한 지원과 함께 이들의 건강관리에 대한 세심한 배려가 요청된다고 하겠다. 그리고 학년별로 장애학생들의 사회적 욕구가 무엇인지 파악하고 이를 충족시킬 수 있는 방안이 요청된다. 특히 진로에 대한 확신과 전체 대학생활적응 정도가 밀접한 관련성이 있는 것으로 나타났으므로, 학업성취 정도가 중간 이하인 장애대학생의 학문적 성취 정도를 향상시킬 수 있는 지원과 함께 자신의 진로에 대한 계획을 준비할 수 있도록 지원하는 방안이 모색되어야 하겠다.

3) 비장애학생들의 장애학생지원에 대한 의식 및 실태조사 요약

먼저, 비장애학생들은 장애학생들과의 학교생활에 있어서도 과반수의 학생이 친한 장애학생이 있는 것으로 응답하여 긍정적인 교우관계를 형성하고 있었다. 둘째, 교내 봉사나 실습 경험 여부에서 경험이 없는 것으로 나타나 다양한 봉사 및 실습 프로그램개발이 필요할 것으로 보이며, 봉사 내용은 이동도우미, 대필도우미, 문자통역, 수화통역 등이었다. 셋째, 장애학생에 대한 불편함은 거의 없었고, 불편한 이유로는 의사소통, 장애이해의 어려움이 많았다. 넷째, 장애학생과의 통합된 강의를 통해 얻는 유익은 인식개선과 봉사와 희생정신이 많았으며, 강의 시 불편은 없다고 응답한 수가 많았지만 불편한 내용으로는 수업방해와 지연, 성적평가의 차이 등으로 응답하였다. 다섯째, 장애학생을 위한 행정서비스 개선요망사항은 강의대필 및 자료 도우미, 장애인식 프로그램 실시 등으로 나타났다. 여섯째, 도우미나 보조요원제도의 정착을 위해서 도우미 학점인정과 유료도우미 지원 강화를 지적하였으며, 문제점 및 개선점은 장애인식 교육과 형식적 지원 개선, 보조요원 수 부족 등을 지적하였다. 일곱째, 학교생활의 어려움으로 수업정보 전달, 취업, 학교시설 이용 등이며 그 외 교내행사, MT, 실습활동 등의 순으로 나타났다. 또한 많은 학생이 장애지원 부서를 이용해 본 경험이 없는 것으로 나타났으며 장애학생을 위해 할 수 있는 일은 휠체어 밀어주기, 수업보조, 이동보조, 대필, 대화상대 등이다. 여덟째, 장애학생과의 대학생활 적응 프로그램에 참여하고 싶다는 의견이 많았으며, 프로그램은 장애의 이해와 적응 향상, 대인관계 향상, 학습방법 향상 등이었다.

4) 교수의 장애학생지원에 대한 의식 및 실태조사 요약

장애인 대학입학 특별전형 제도에 대해 대다수의 교수들이 '학업능력은 갖추고 있으나 장애로 인해 불이익을 받는 학생들만 선발하는 것이 바람직하다'는 의견에 동의하는 것으로 나타났다. 그러나 고등교육기관에서 교육받기에 적합하지 않다고 판단되는 발달장애인의 대학 진학요구에 대해서 '진학이 허용되어야 한다'는 의견이 전체 30% 정도를 차지하는 것으로 나타난 점은 교수들이 장애인의 고등교육을 아직도 수혜적인 차원에서 바라보고 있으며, 장애에 대한 명확한 인식이 부족하다는 현실을 반영하는 것이라 볼 수 있다. 이런 문제를 해결하기 위해서는 대학 차원에서 교수들에게 장애 자체에 대한 심도 있는 연수가 필요하다고 생각된다.

취업과 관련하여 해당 전공학부별로 취업이 매우 어렵다고 판단되는 장애유형은 다양하게 나타났으며, 장애학생의 취업 및 진로지도를 별도의 장애학생 지원전담부서에서 전담하는 것이 필요하다고 생각하고 있는 것으로 나타났다. 그러나 취업 장면에서 필요한 지식과 기술을 교육하는 부서가 해당 전공이라는 점을 고려한다면 적어도 취업에 관한 한 장애학생에 대해서 수동적이라고 판단할 수밖에 없다. 그러므로 이런 문제를 해결하기 위해서는 장애학생의 입학을 대학 차원에서 판단해서 결정하고 이를 해당 전공에서 수용하는 형식보다는 해당 전공에서 책임의식을 가지고 장애학생을 훌륭한 사회인으로 양성할 수 있는 특화한 전공 내용 및 교수 방법을 마련하고 지속적인 장애학생 학습 및 생활 지도를 통해 재활·복지 분야에 특성화된 대학에 걸맞은 위상을 갖추도록 노력할 필요가 있는 것으로 나타났다.

5) 직원의 장애학생지원에 대한 의식 및 실태조사 요약

직원들은 나사렛대학교의 비전에 대하여 긍정적으로 평가하고 있는 것으로 나타났다. 그러나 교수와 직원들 간에 혹은 장애학생들을 위한 행정시스템에서 다소의 갈등이 존재하는 것으로 드러났다. 따라서 이를 해결하기 위하여 직원들이 장애관련 연수나 교육프로그램에 참여할 수 있는 기회를 제공하는 것이 시급하다고 할 수 있다. 또한 장애학생 지원에 대하여 교수들이 더욱 적극적으로 지원을 하여야 한다는 직원들의 평가에 근거할 때, 전체 교수들을 대상으로 좀 더 체계적으로 장애학생을 지원할 수 있는 구체적인 시나리오를 작성하여 제시할 필요성이 있다. 이를 위하여 나사렛대학교의 다양한 장애관련 기관(기구)에 대한 구조조정과 함께 역할과 기능에 대한 총체적인 가이드라인의 제시도 필요하다. 이에 대한 세부적인 연구는 후속 연구에서 논의될 수 있을 것이다.

2. 제언 및 향후 과제

앞에서 살펴본 장애학생의 현황 및 취업 실태조사 결과와 비장애학생, 교수, 직원의 장애학생지원에 대한 의식조사 결과를 종합하여 2005년 현재 나사렛대학교에 시급히 필요하다고 생각되는 사항들을 제언하였으며, 다른 고등교육기관에서도 함께 고민해 볼 내용이라고 생각된다.

1) 장애 이해 및 인식 개선을 위한 교육 프로그램

비장애학생들이 장애학생을 대할 때 가장 불편하게 여기는 내용은 의사소통이 어렵다, 어떻게 대해야 할지 모르겠다 등이었다. 이는 장애이해 교육 및 장애인식 개선을 위한 교육 프로그램의 필요성을 보여주는 것이다. 장애학생을 행정적으로 지원하는 직원들의 80%이상이 학교에서 장애와 관련된 연수를 받은 경험이 없다고 응답하였으며, 교수들이 장애학생들을 위해 가장 많이 시간을 투자하는 일 중 하나로 '장애에 대한 이해'를 선택한 점 등을 함께 고려해 보면 장애 이해에 대한 교육의 필요성을 절감하게 된다.

단순히 장애학생에 대한 접촉 빈도를 늘리는 것만으로 장애에 대한 교육이 완료되지는 않는다. 즉 장애학생을 중심으로 비장애학생, 교수, 직원이 공감대를 형성할 수 있는 프로그램이나 연수를 기획하여 실시하는 것이 필요하다. 장애, 그리고 장애를 지닌 학생들이 겪는 어려움에 대해 핵심적인 정보를 요약해서 제시하는 것도 필요하지만 현장성있는 연수가 좀 더 의미있는 결과를 가져올 것이다. 예를 들어 나사렛대학교의 장애관련 학과 이외 전공에서 근무하는 교수들이 장애학생들을 이해하기 위해 일일(一日) 점자음성전자교육정보센터장의 역할을 수행해 본다든가, 직원들이나 비장애학생들이 장애학생 콜도우미 역할을 이틀가량 경험해 보는 것이다. 해당 부서 가까이서 장애학생들을 경험할 필요가 있다면 대학내 각 부서에 장애학생을 배치하여 직장체험이나 전환고용 프로그램의 일환으로 근무하게 하는 등의 방법을 생각해 볼 수 있을 것이다.

2) 장애학생지원을 위한 종합 안내서 개발

대학 생활은 입학에서 시작하여 성공적인 학습을 통해 취업(혹은 진학)으로 결론을 맺게 된다. 그렇다면 장애학생을 위한 지원체계 구축이란 바로 입학을 위한 기준 설정에서 취업을 위한 프로그램 운영까지를 의미하는 것이라고 볼 수 있다.

나사렛대학교에 가장 시급하다고 판단되는 것 중 하나가 바로 명확한 입학 절차이다. 입학절차 상에서 특수교육대상자는 특별전형위원회의 심의를 거치는 것으로 규정되어 있으나, 제도적인 규준을 바탕으로 판단하는 것이라기보다는 특수교육관련 전공자의 전문가적 판단에 의존하는 것이라 할 수 있다. 앞으로의 과제는 이 같은 전문가적 판단을 문서화하는 것이다. 달리 말해 전문가 의존에서 벗어나 입학관련 업무담당자나 입학 당사자(혹은 관련 부모)가 스스로 판단하는 것을 도울 수 있도록 장애학생 입학에 관한 안내서(manual) 작성이 향후 과제로 시급하다고 여겨진다.

입학한 장애학생들에게 지원해야 할 학습지원체계를 문서화하는 것도 필요하다. 나사렛대학교에 2003년 점자음성전자교육정보센터가 설립된 이래 다양한 시행착오를 겪으며 구축해 가고 있는 학습지원체계를 좀 더 넓은 시야에서 학교 시스템 전체를 조망하여 연관된 기관(예, 자립생활지원센터, 생활재활체육연구소, 재활공학연구소, 진로직업개발연구소, 사회봉사센터 등)과의 협력을 통해 역할을 재정비할 필요가 있다. 장애학생의 학습지원과 생활지원, 그리고 취업지원의 연계성을 파악해 관련 기관별 역할 세분화 혹은 집중화의 장·단점을 파악하고 시뮬레이션화한 뒤 최적의 조합을 찾아가야 할 것이다. 이런 과정에서 학습·생활·취업 지원을 위한 종합적인 안내서를 개발하고, 이를 필요로 하는 모든 기관들에게 모형을 제시하는 일들을 해나간다면 아시아를 선도하는 재활·복지 특성화 대학교로서의 위상을 정립해 나갈 수 있을 것이다.

3) 학생 정보시스템의 조속한 통합

학생에 대한 정보는 나사렛대학교 각 부속기관, 소속기관 등에 따라 각기 다른 시스템이 구축되어 있거나 수작업으로 통계를 처리하고 있어 일관성과 정확성의 문제가 심각하다. 이것은 객관적 통계 자료에 의한 효과적 의사결정과 정책 수립에 저해 요인이 될 수 있고 상당한 중복성, 비효율성, 낭비를 야기할 수 있다. 따라서 장애학생은 물론 비장애학생에 대한 정보 시스템의 통합이 시급하다. 나사렛대학교 학생에 대한 종합정보시스템을 구축함으로써 객관적 자료에 의한 효율적인 개별 상담 및 장애학생 서비스가 가능할 것이다. 그리고 일관성 있는 통계 자료에 의한 학교와 학생에 대한 정책 수립을 할 수 있을 것이다. 2006년 현재 나사렛대학교 종합인력개발센터에서 개발 중인 정보시스템은 비장애학생들을 위한 정보관리뿐만 아니라 장애학생의 입학부터 수강 및 졸업 후 지원까지를 고려하여 구축되어야 할 것이다.

학생 종합정보 시스템 도입 시 가장 우려되는 점은 개인 정보 공개 문제일 것이다. 이에 대한 예방으로 시스템에 입력되는 항목의 사회적 합의, 정보사용 및 입력 권한의 사회적 합의와 엄격한 관리, 외부로부터의 정보보호 시스템을 처음부터 신중히 고려하고 합의해야 함은 당연한 절차일 것이다.

4) 장애학생을 위한 취업지원서비스 확충

장애학생들이 사회로 진출하기 이전의 마지막 교육과정, 교육환경이 대학이라는 점을 고려한다면 대학이 장애학생을 위한 고등교육 학습지원에만 치중하여 취업지원을 소홀히 해서는 곤란하다. 장애학생들은 스스로가 지니고 있는 신체적, 정서적 적응 능력의 제한점 그리고 잔존 능력을 포함한 강점이나 약점 등을 스스로 파악하지 못하는 경우가 많으므로 장애대학생들에 대한 고등교육에서는 이들을 위한 적절한 진로지도, 직업 적성 등의 지원을 포함하는 더욱 적극적이고 구체적인 취업지원 서비스가 필요하다. 즉 장애학생의 취업을 위해 종합인력개발센터 내 취업지원팀과 점자음성전자교육정보센터 및 학내 장애관련 지원기관에서 장애학생을 대상으로 개별적인 직업적성 및 능력진단, 취업지원계획 수립 등의 취업전략개발과 진로상담 등의 취업지원 서비스를 제공해야 할 것이다.

또한 학내를 벗어나서 협약기관과 직업지도, 직장체험 프로그램 등을 대폭 확대하고, 지역의 장애인고용촉진공단 및 고용안정 센터와의 『취업지원협약』을 통해 장애학생들의 경력개발, 취업준비에 필요한 각종 지원을 받도록 해야 할 것이다. 2006년 현재 장애인고용촉진공단 산하 고용개발원과 함께 진행하고 있는 장애대학생 진로직업탐색 프로그램과 같은 직업전환 프로그램을 통해 대학 내 장애학생들을 졸업 전에 일정 수준 이상의 인력으로 육성하는 것이 가장 중요하다고 여겨진다. 장애학생 고등교육의 가시적인 성과가 독립적인 직업인으로의 성장이라는 점을 더 이상 강조할 필요가 없을 것이다.

[참고문헌]

교육인적자원부 (2006. 6. 23) 보도자료: "장애인의 교육복지 구현"을 위한 "무장애(Barrier Free) 대학 캠퍼스 조성" - 대학 장애학생 교육복지 지원 우수대학 사례 발표회 개최. 정책홍보담당관실 특수교육정책과.

권희정 (1996). 장애학생의 진로성숙도에 관한 연구 - 사회적 지지와 자아존중감을 중심으로. 석사학위논문, 고려대학교 교육대학원.

김계현 (1995). 심리학의 최근 동향. 한국심리학회지: 상담과 심리치료, 6(1), 142-170.

김봉환 (1997). 대학생의 진로결정수준과 진로준비행동의 발달 및 이차원적 유형화. 박사학위논문, 서울대학교 대학원.

김성애 외 (2003). 장애대학생 학업성취 실태 및 대학생활 욕구분석. 특수교육학연구, 37(4), 335-357.

김은정 외 (1992). 자기 지각, 사회적지지 및 대처행동이 대학생활의 적응에 미치는 영향: 6개월간의 추적연구. 한국심리학회 '92연차대회 학술발표집. 525-534.

김은정 외 (1993). 대학생들의 학업적·심리적 적응: 1년간 추적연구 Ⅰ: 위험집단과 통제집단의 추적비교. 연세상담연구, 9, 87-127.

김종인 (1999). 지원고용, 직업재활학 입문. 한국직업재활학회.

김주영 (2005). 장애인 고등교육 지원 제도와 방법에 관한 연구. 단국대학교 대학원 특수교육학과 박사학위 청구논문.

김충기 (1995). 미래를 위한 진로교육. 서울: 양서원.

김충기 (2000). 진로교육과 진로상담. 서울: 동문사.

대구대학교 (2002). 대학장기발전방안. 대구대학교.

박석돈 (1999). 장애학생 (직업)진로교육의 이론과 실제. 금강문화사.

변용찬, 서동우, 이선우, 김성희, 황주희, 권선진, 계훈방 (2001) 2000년도 장애인 실태조사. 한국보건사회연구원.

오경자 외 2명 (1998). 장애대학생 지원체계 모형 개발연구. 연세대학교 학생상담소.

육주혜, 김언아 (2001) 중증장애인 직업능력개발 모형 연구(Ⅰ). 한국장애인고용촉진공단 고용개발원.

윤형한 (1999). 대학생의 의사결정 유형에 따른 진로결정 곤란과 적응과의 관계. 석사학위논문, 홍익대학교 대학원.

이옥경 (2004). 장애대학생의 진로지도와 취업준비에 관한 연구. 사회복지연구, 23, 169-195.

이윤정 (2000). 지방출신 서울유학생의 대학생활 적응과 진로계획. 석사학위논문, 이화여대 대학원.

장창엽, 현호석, 강동욱, 최종철, 이금진, 이정호 (2001) 2000년 장애인근로자 실태조사. 한국장애인고용촉진공단 고용개발원.

한국장애인고용촉진공단 (2002). 2001년 4/4분기. 연간 장애인 고용동향.

한국장애인고용촉진공단 (2003) 대학 재학 장애인 실태조사 보고서: 기초직업욕구를 중심으로. 고용개발원 상담평가부.

한국장애인고용촉진공단 (2003). 2002년 3/4분기. 장애인 고용동향.

Baker, R. W., & Siryk, B. (1984). Measurity adjustment to College. *Journal of Counseling Psychology, 31,* 179-189.

Baker, R. W., & Siryk, B. (1989). *SACQ: Student Adaptation to College Questionnaire Mannual.* Western Psychological Services.

Duquette, Cheryll (2000). Experiences at University: Perceptions of Students withDisabilities. *The Canadian Journal of Higher Education,* Vol. XXX, No.2, 123-142.

Hall, L. M. & Belch, H. A. (2000). Setting the Context: Reconsidering the Principles of Full Participation and Meaningful Access for Students withDisabilities. *New Direction for Student Services, No.91,* Fall. 5-17.

Hartman, B. W., Fugua, D. R., & Hartman, P. T. (1983). The predictive potential of the careerdecision scale in identifying chronic career indecision. *Vocational Guidance Quarterly, 32,* 142-148.

Johnson, D. (2000). Enhancing Out-of-Class Opportunities for Students with Disabilities. *New Directions for Student Services, No.91,* Fall. 41-53.

Kiernan, W. E. & McGaughey, M. (1992). A support mechanism for the worker with adisability. *Journal of Rehabilitation,* 56-62.

Lapsley, D. K., Rice, K. G., & Shadid, G. E. (1989). Psychological separation andadjustment to college. *Journal of Counseling Psychology, 36*(3), 286-294.

Osipow, S. H. (1983). *Theories of career development* (3rd ed.). Englewood Cliffs, NJ: PrenticeHall.

Osipow, S. H., Carney, C. G., Winer, J., Yanico, B., & Koschier, M. (1980). *The Career Decision Scale* (3rd rev.). Columbus, OH: Marsthon Consulting and Press.

Rund, J. & Scharf, T. (2000). Funding Programs and Services for Students with Disabilities. *New Directions for Student Services, No.91,* Fall. 83-93.

Winefiel, A.H. & Tiggemann, M. (1990). Employ status and psychological well-being: a longitudinal study. *Journal of Applied Psychology, 75,* 4, 455-459.

대학 내 장애학생 취업지원
실태 및 욕구조사

Ⅰ. 일반적 특성

※ 다음은 귀하에 관한 일반적 사항들입니다. 해당하는 곳에 √표 해주시면 됩니다.

1. 귀하의 성별은 무엇입니까? (　　)
　① 남자　　　　② 여자

2. 귀하의 연령은? 만＿＿＿세

3. 귀하의 종교는 무엇입니까? (　　)
　① 개신교　　② 불교　　③ 천주교
　④ 무교　　　⑤ 기타

4. 현재의 전공은 어느 분야(계열)입니까? (　　)
　① 인문·사회계열　　② 자연계열　　③ 공학계열
　④ 보건계열　　　　⑤ 예술계열　　⑥ 기타(　　)

5. 현재 몇 학년에 재학 중입니까? (　　)
　① 1학년　　② 2학년　　③ 3학년
　④ 4학년　　⑤ 기타(　　)

6. 지난 1년간 학업성취도(평균학점)는 어느 정도입니까? (   )
　　① 상   ② 중   ③ 하

7. 귀하는 어떠한 장애를 가지고 있습니까? (   )장애 (   )급

8. 귀하는 언제 장애를 갖게 되었습니까? (   )
　　① 태어날 때　　② 태어나서 취학 전까지 사이　　③ 초등학교 때
　　④ 중학교 때　　⑤ 고등학교 때　　　　　　　　⑥ 대학교 때
　　⑦ 기타

9. 귀하의 현재 주거형태는? (   )
　　① 부모와 동거　　② 자취　　③ 하숙
　　④ 친척집　　　　⑤ 기숙사

10. 귀하의 가족(본인 포함)은 총 몇 명입니까? ＿＿명

11. 부모님의 월평균 수입은 어느 정도입니까? ＿＿만 원

Ⅱ. 취업지원 실태 및 욕구

12. 재학 중 학교로부터 장애학생 취업지원서비스를 받은 적이 있습니까? (   )
　　① 있다 → (12-1번으로)　　② 없다 → 13번으로

<table>
<tr><td>

12-1. 서비스를 받은 적이 있다면 그 횟수가 몇 번 입니까? (   )
　　① 전혀 없다　　② 1-2회　　③ 3-4회　　④ 4회 이상
12-2. 주된 서비스의 종류와 횟수는? (   )
　　① 직업상담　　② 직업적성검사　③ 진로지도
　　④ 직업능력개발　⑤ 직장체험
　　⑥ 기타(__) ——————— (   )회
12-3. 제공받은 서비스에 얼마나 만족하십니까? (   )
　　① 매우 불만족　② 불만족　　③ 보통　　④ 만족　　⑤ 매우 만족

</td></tr>
</table>

13. 장애학생 취업에 대한 학교 측의 관심과 열의는 어느 정도입니까? (　　)
    ① 매우 낮음　　② 낮음　　③ 보통
    ④ 높음　　　　　⑤ 매우 높음

14. 교내에 장애학생 취업지원 전담부서나 직원이 있습니까? (　　)
    ① 있다→(14-1번으로)　　② 없다→15번으로

14-1. 장애학생 취업지원 전담부서나 직원의 서비스에 대해 어느 정도 만족하십니까?(　　)
　　① 매우 불만족　　② 불만족　　　　③ 보통
　　④ 만족　　　　　⑤ 매우 만족

---

15. 교내 장애학생 취업지원 전담부서나 직원의 필요성은 어느 정도입니까? (　　)
    ① 매우 불필요　　② 불필요　　　　③ 보통
    ④ 필요　　　　　⑤ 매우 필요

16. 다음 중 본인이 가장 필요로 하는 취업지원 서비스는 무엇입니까? (　　)
    ① 직업상담　　　② 직업적성검사　　　　③ 진로지도
    ④ 직업능력개발　⑤ 직장체험　　　　　　⑥ 취업정보
    ⑦ 취업알선　　　⑧ 이력서(자기소개서) 작성법　⑨ 면접방법
    ⑩ 자신감 회복　　⑪ 기타(＿)

17. 다음에 열거된 장애학생 취업지원서비스는 재학기간 동안 몇 회가 적당합니까?
    (＿) 안에 그 횟수를 기입하세요.
    ① 직업상담, (＿)회　　　② 직업적성검사, (＿)회　③ 진로지도, (＿)회
    ④ 직업능력개발, (＿)회　⑤ 직장체험, (＿)회　　　⑥ 취업정보, (＿)회
    ⑦ 취업알선, (＿)회　　　⑧ 이력서(자기소개서) 작성법, (＿)회
    ⑨ 면접방법, (＿)회　　　⑩ 자신감 회복, (＿)회

18. 대학 졸업 후 무엇을 할 생각입니까? (　　)
    ① 아직 구체적으로 생각해본 적 없다　　　② 취업

③ 편입이나 대학원 진학   ④ 해외유학

⑤ 사업이나 자영업   ⑥ 공무원

⑦ 기타(구체적으로) (____)

19. 직장 선택에서 가장 중요한 고려사항은 무엇입니까? 가장 중요한 사항 3가지
를 순서대로 적어주십시오(, ,)

① 보수조건   ② 전공분야 관련도   ③ 출퇴근시간 및 거리

④ 교통편의   ⑤ 적성   ⑥ 직장분위기

⑦ 승진기회   ⑧ 안정성   ⑨ 장래성

⑩ 기타(____)

20. 취업이나 진로결정 시 어떤 점이 가장 어렵습니까? ( )

① 교내에 취업이나 진로관련 정보나 프로그램이 부족함

② 취업준비의 어려움(어학연수나 어학원 다니기, 컴퓨터 학원 다니기 등)

③ 전공지식 부족

④ 컴퓨터 활용능력 부족

⑤ 외국어 능력 부족

⑥ 장애인차별

⑦ 기타 ( )

21. 진로에 대한 정보를 어떻게 얻습니까? ( )

① 친구나 선배   ② 컴퓨터를 이용하여

③ 가족   ④ 교수님이나 조교

⑤ 학생지원처(교내 행정부서)   ⑥ 기타(구체적으로) ________

22. 당신이 직장 생활을 할 경우 가장 문제가 된다고 생각하는 것은 무엇입니까? ( )

① 장애인에 대한 편견이나 차별   ② 동작과 활동 / 이동

③ 대인관계   ④ 업무수행능력

⑤ 없다   ⑥ 기타(구체적으로) ________

23. 주로 어떠한 방법으로 직장을 구하겠습니까? (　　)

　　① 공공 직업알선기관 등록　　② 민간 직업알선기관 등록
　　③ 취직시험 응시　　④ 신문, 잡지 취업광고 이용
　　⑤ 인터넷 취업정보 이용　　⑥ 학교 추천
　　⑦ 사업체 문의　　⑧ 친구나 친지의 소개
　　⑨ 자영업(창업) 준비　　⑩ 기타(　　)

24. 졸업 후 어떤 직종에 취업을 원합니까? (　　)

　　① 기계분야　　② 금속분야　　③ 화공 · 요업분야
　　④ 전기 · 전자분야　　⑤ 통신분야　　⑥ 조선 · 항공분야
　　⑦ 토목 · 건축분야　　⑧ 섬유분야　　⑨ 광업분야
　　⑩ 컴퓨터 · 정보처리분야　　⑪ 공예분야　　⑫ 산업응용분야
　　⑬ 침술 · 안마분야　　⑭ 사무분야　　⑮ 이 · 미용분야
　　⑯ 제과 · 제빵분야　　⑰ 사회복지분야　　⑱ 서비스분야
　　⑲ 보건 · 의료분야　　⑳ 기타(구체적으로　　)

25. 졸업 후 취업 시 희망하는 월평균 임금은 어느 정도입니까? (　　)만 원

Ⅲ. 대학생활적응

※ 다음 글을 읽고 최근 자신의 생각과 상황에 부합(해당)되는 정도에 ○표하여 주
　시기 바랍니다.

	전혀 아니다	별로 그렇지 않다	보통 이다	그런 편이다	매우 그렇다
1. 나는 현재의 대학생활에 만족하고 있다.	1	2	3	4	5
2. 나는 대학에 들어와서 속을 터놓고 이야기할 수 있는 친구들을 많이 사귀었다.	1	2	3	4	5

	전혀 아니다	별로 그렇지 않다	보통 이다	그런 편이다	매우 그렇다
3. 나는 최근 들어 자주 우울해진다.	1	2	3	4	5
4. 나는 최근 들어 피곤하다고 느낄 때가 많다.	1	2	3	4	5
5. 나는 대학에서의 학업성적에 만족하고 있다.	1	2	3	4	5
6. 나는 내가 이 학교를 선택한 것에 대해서 만족한다.	1	2	3	4	5
7. 나는 학과공부를 열심히 하고 있지 못하다.	1	2	3	4	5
8. 나는 최근 들어 신경이 곤두서있다.	1	2	3	4	5
9. 나는 지금 내가 하고 있는 공부를 충분히 잘 해낼 능력이 없는 것 같다.	1	2	3	4	5
10. 나는 최근에 식욕이 좋다.	1	2	3	4	5
11. 나는 현재의 주거형태에서 잘 생활해 나가고 있다.	1	2	3	4	5
12. 나는 최근에 머리가 자주 아프다.	1	2	3	4	5
13. 나는 최근에 학습의욕이 없고, 공부를 하려 해도 집중이 잘 안된다.	1	2	3	4	5
14. 나는 과모임, 동아리 활동, 동문회 등에 적극적으로 참여하고 있다.	1	2	3	4	5
15. 나는 최근에 대학교육의 가치에 대해서 회의를 느끼고 있다.	1	2	3	4	5
16. 나는 최근에 체중이 많이 변화되었다.	1	2	3	4	5
17. 나는 최근 들어 숙면을 취하기가 어렵다.	1	2	3	4	5
18. 나는 최근에 외롭다고 느낄 때가 많다.	1	2	3	4	5
19. 나는 요즘 건강상태가 좋은 것 같다.	1	2	3	4	5
20. 내가 흥미를 느끼는 것들은 대부분 대학의 학과공부와 관련이 없는 것들이다.	1	2	3	4	5
21. 나는 대학생활에 적응이 힘들어 휴학에 대해 많이 생각한다.	1	2	3	4	5
22. 나는 대학생활과 관련된 스트레스 때문에 힘들다.	1	2	3	4	5
23. 나는 대학에서 원만한 인간관계를 유지하고 있다.	1	2	3	4	5

	전혀 아니다	별로 그렇지 않다	보통 이다	그런 편이다	매우 그렇다
24. 나는 최근 들어 작은 일에도 짜증을 잘 낸다.	1	2	3	4	5
25. 나는 현재 대학원 진학에 관심이 많다.	1	2	3	4	5

Ⅳ. 취업관련

※ 각 문항을 읽고, 여러분의 느낌이나 생각과 가장 잘 맞는다고 생각되는 번호에 √표시를 해주세요.

	전혀 아니다	별로 그렇지 않다	보통 이다	그런 편이다	매우 그렇다
1. 나는 내가 적어도 다른 사람만큼은 가치 있는 사람이라고 느낀다.	1	2	3	4	5
2. 나는 내가 좋은 자질(장점)을 많이 가지고 있다고 느낀다.	1	2	3	4	5
3. 나는 남들이 하는 만큼은 일을 할 수 있다.	1	2	3	4	5
4. 대체로 나는 나 자신에 만족한다.	1	2	3	4	5
5. 지난 몇 개월 동안 나는 교수님과 나의 적성 및 앞으로의 진로(취업)에 대해서 이야기를 나눈 적이 있다.	1	2	3	4	5
6. 지난 몇 개월 동안 나는 내가 관심을 가지고 있는 직업이나 진로분야로 진출하기 위한 자격요건이 무엇인지 구체적으로 알아본 적이 있다.	1	2	3	4	5
7. 지난 몇 개월 동안 나는 내가 관심을 가지고 있는 직업이나 진로분야에 직접 종사하고 있는 사람들과 이야기를 나누어 본 적이 있다.	1	2	3	4	5
8. 나는 내가 깊이 관심을 가지고 있는 업체에 대한 여러 가지 정보(취업방법, 보수, 승진제도, 전망)를 수집하였거나 혹은 그 같은 계획을 세우고 있다.	1	2	3	4	5

	전혀 아니다	별로 그렇지 않다	보통이다	그런 편이다	매우 그렇다
9. 나는 내가 설정한 진로목표(취업 혹은 진학)를 달성하기 위해 수행한 일들을 항상 체크하고 있으며, 앞으로 할 일들에 대해서도 구체적으로 계획을 세워 실천하고 있다.	1	2	3	4	5
10. 나는 현재 편입이나 대학원 진학에 관심이 많다.	1	2	3	4	5
11. 나는 대학졸업 후 원하는 직장에 취업을 할 수 있을 것이다.	1	2	3	4	5

〈진로결정〉

※ 각 문항을 읽고, 여러분의 느낌이나 생각과 가장 잘 맞는다고 생각되는 번호에 √표시를 해주세요.

	전혀 그렇지 않다	다소 그렇지 않다	다소 그렇다	매우 그렇다
1. 나는 장래 직업을 결정했으며 그 결정에 대해 편안함을 느낀다.	1	2	3	4
2. 나는 현재의 내 전공에 대해 편안함을 느낀다.	1	2	3	4
3. 나에게 재능이 있고 기회가 주어진다면 나는 ________이 될 수 있다고 믿지만, 실제로 그것은 불가능한 일이다. 그렇다고 나는 다른 대안을 생각해 보지도 않았다.	1	2	3	4
4. 나는 나의 관심분야가 어떤 것인지 잘 모르기 때문에 진로결정을 당장 할 수 없다.	1	2	3	4
5. 나는 결국 직업을 가져야 하지만 내가 아는 어떤 직업에도 호감을 느끼지 못한다.	1	2	3	4
6. 나는 ________이 되고 싶지만 가족이나 친지들의 생각과 다르기 때문에 당장 진로결정이 어렵다. 내 자신과 그들의 생각이 일치되는 직업을 발견하고 싶다.	1	2	3	4

	전혀 그렇지 않다	다소 그렇지 않다	다소 그렇다	매우 그렇다
7. 지금까지 나는 진로선택에 관해 많이 생각해 보지 않았다. 내 스스로 결정해 본 경험이 별로 없고 또 당장 진로결정을 할 정도의 충분한 정보가 없기 때문에 혼란스럽다.	1	2	3	4
8. 진로선택에 관한 모든 것이 너무 모호하고 불확실해서 당분간 결정하는 것을 보류하고 싶다.	1	2	3	4
9. 나는 내가 어떤 진로를 원하는지 알고 있다고 생각했지만 최근에 그것을 추구하는 것이 불가능하다는 것을 알게 되었다. 그래서 이제 가능한 다른 진로를 모색하려고 한다.	1	2	3	4
10. 나의 진로선택에 확신을 갖고 싶지만 내가 아는 어떤 진로도 나에게 이상적으로 생각되지 않는다.	1	2	3	4
11. 진로선택을 해야 한다는 것이 부담스럽기 때문에 빨리 결정해 버리고 싶다. 내가 어떤 진로를 택해야 할지 알려줄 수 있는 검사라도 받고 싶다.	1	2	3	4
12. 나의 전공분야가 내가 만족할 만한 진로를 제공해 줄 수 있는지 잘 모르겠다.	1	2	3	4
13. 나는 나의 적성과 능력을 잘 모르기 때문에 진로결정을 당장 할 수 없다.	1	2	3	4
14. 나는 똑같이 호감이 가는 직업들 중에서 하나를 결정하느라 애를 먹고 있다.	1	2	3	4
15. 나는 많은 분야에 관심이 있으며, 어떤 진로를 선택하든지 잘할 수 있다는 것을 안다. 그러나 내가 원하는 하나의 직업을 찾기가 힘들다.	1	2	3	4
16. 나는 진로결정을 했지만 그것을 어떻게 수행해 나갈지 확실하지 않다.	1	2	3	4
17. 진로결정을 하기 전에 여러 가지 직업에 관해 더 많은 정보가 필요하다.	1	2	3	4
18. 나는 어떤 직업을 선택해야 할지 알고 있지만 결정을 내리기 위해서는 다른 사람의 도움이 필요하다고 느낀다.	1	2	3	4

- 지금까지 설문에 응답해 주셔서 대단히 감사합니다 -

<비장애학생용 설문지>

나사렛대학교 장애학생과의 통합교육에 관한 비장애학생들의 의식 및 실태 조사

안녕하십니까? 저희 나사렛대학교에서는 장애학생의 학습지원의 일환으로 장애학생과의 통합교육에 관한 비장애학생들의 의식 및 실태 조사를 실시하고 있습니다.

그 동안 저희 학교가 장애학생들의 학습지원을 위하여 많은 노력을 해오고 있으나 아직도 미흡한 부분이 많은 게 현실입니다. 따라서 **다각도에서 장애학생의 교육실태를 조사하여 발전적인 대안을 마련하고자 합니다. 특히 장애학생들과 통합해서 학습하고 있는 비장애학생들의 의견이 반드시 필요한** 부분이라 판단하여 설문조사를 하고자 합니다.

귀하의 의견은 이 연구의 주제를 위해서만 사용될 것이며 신상은 철저히 보장될 것을 약속드립니다. 또한 답변해 주신 소중한 의견은 향후 학습지원 정책 설정과 운영에 적극 반영될 것입니다. 따라서 무엇보다도 귀하의 성의 있는 답변이 중요하므로 적극적인 협조를 부탁드립니다.

2005년 11월
나사렛대학교 장애학생 지원체계 구축을 위한 기초연구팀

Ⅰ. 신상 관련 문항

1. **귀하의 성별은 무엇입니까?** (　　)

   ① 남자　　　　② 여자

2. **귀하의 연령은?** 만＿＿＿세

3. **현재 몇 학년에 재학 중입니까? (   )**
　　① 1학년　　② 2학년　　③ 3학년　　④ 4학년

4. **귀하의 전공은? 학부(   ) 전공(   )**

5. **귀하의 현재 주거형태는? (   )**
　　① 부모와 동거　　② 하숙　　③ 자취
　　④ 기숙사　　　　⑤ 친척집　　⑥ 기타____

6. **귀하의 종교는 무엇입니까? (   )**
　　① 개신교　　② 불교　　③ 천주교　　④ 무교　　⑤ 기타____

Ⅱ. 우리 대학교의 장애학생 관련 만족도

문 항	매우만족	만 족	보 통	불 만	매우불만
1. 우리 대학교의 재활복지 특성화 정책에 만족하십니까?					
2. 우리 대학교의 장애학생 지원 정책 및 서비스에 만족하십니까?					
3. 장애학생과 통합해서 이루어지는 강의에 만족하십니까?					
4. 비장애학생에 대한 장애학생의 태도에 만족하십니까?					
5. 장애학생에 대한 성적 평가에 만족하십니까?					
6. 장애학생과의 교우관계에 만족하십니까?					
7. 장애학생들을 위한 편의시설 설치에 만족하십니까?					
8. 행정 직원들의 장애학생에 대한 이해나 태도에 만족하십니까?					

Ⅲ. 학교생활과 관련된 문항

1. 대학진학을 통해 얻고자 한 것은 무엇입니까? (중요 순으로 세 가지) (, ,)
   ① 전문지식의 습득　② 적성과 소질의 개발　③ 교양의 함양
   ④ 보다 나은 직업　⑤ 보다 나은 사회적 대우　⑥ 자아만족
   ⑦ 폭넓은 대인관계　⑧ 사회경험　⑨ 기타( )

2. 대학 졸업 후 귀하는 어떠한 진로 선택을 할 계획입니까? ( )
   ① 취업　② 대학원 진학　③ 유학　④ 잘 모르겠다

3. 친한 학우 중에 장애학생이 있습니까? ( )
   ① 있다　② 없다

4. 장애와 관련된 교과를 수강한 경험이 있습니까? ( )
   ① 많다　② 있다　③ 없다

5. 장애인을 위한 외부 봉사활동이나 실습 경험이 있습니까? ( )
   ① 많다　② 가끔 있다　③ 거의 없다　④ 전혀 없다

6. 장애인을 위한 교내 봉사활동이나 실습 경험이 있습니까? ( )
   ① 많다　② 가끔 있다　③ 거의 없다　④ 전혀 없다

   6-1. 있었다면 어떤 활동 이었습니까? ( )
   6-2. 활동 기간은 어느 정도 입니까? 예: 주 1회, 3개월 ( )

7. 장애학생들을 대할 때 가장 불편한 점이 있습니까? ( )
   ① 있다　② 없다

   7-1. 있다면 어떤 점이 불편하십니까? ________________________

8. 장애학생과 함께하는 강의를 통해 얻는 가장 큰 유익은 무엇이라
   생각하십니까? (   )
   ① 장애에 대한 이해 및 인식개선   ② 봉사 및 희생정신
   ③ 폭넓은 교우관계   ④ 약자에 대한 보호 및 배려
   ⑤ 장애에 대한 전문적 지식   ⑥ 기타 (   )

9. 장애학생과 함께하는 강의 중 불편한 점이 있습니까? (   )
   ① 있다   ② 없다

   9-1. 불편한 점이 있다면 무엇입니까? (중요 순으로 세 가지) (,   ,   )
        ① 성적평가에 대한 상대적 불이익
        ② 장애학생에 대한 배려로 수업 지연
        ③ 돌발행동으로 인한 수업 방해
        ④ 장학혜택에 대한 불이익
        ⑤ 부담감이나 불쾌감
        ⑥ 장애학생에게 필요한 학습기자재 부족
        ⑦ 교수방법의 다양성 부족
        ⑧ 기타 (   )

10. 교내 장애학생을 위한 행정 서비스에 대해 어떤 부분이 개선되길 원합니까? (중
    요 순으로 세 가지) (,   ,   )
    ① 수강등록 시 도와 줄 도우미 학생 연계
    ② 강의 대필자 및 도우미를 매수업마다 연계
    ③ 교내 장애학생지원센터 설치
    ④ 강의에 필요한 자료를 찾아주는 도우미 학생 연계
    ⑤ 스쿨버스 운행
    ⑥ 교내 기숙사우선이용 및 기숙사내 도우미 학생 연계
    ⑦ 전산실에 장애인 전용 PC 및 프린트기 설치
    ⑧ 교내 장애인에 대한 인식프로그램 실시
    ⑨ 각종 증명서 발급시 도우미 학생 연계
    ⑩ 기타 (   )

11. 도우미나 보조요원제도의 효과적 정착을 위해서 마련되어야 할 사항은 무엇이라
    고 생각하십니까?(   )
    ① 유료 도우미(보조요원제도 등)　　　　　② 무료 도우미
    ③ 도우미나 보조요원제도를 학점으로 인정　　④ 기타(   )

12. 장애학생 지원을 위한 보조요원 및 봉사제도의 문제점이나 개선책이 있다면 적
    어 주십시오.
    ① ________　　　　② ________

13. 장애학생들이 겪는 학교생활의 어려움은 어떤 부분이라고 생각하십니까?(중요
    순으로 세 가지)(, ,   )
    ① 수업 시 정보전달의 어려움
    ② 학습기자재의 부족이나 이용 상 어려움
    ③ 학사관리(시험이나 성적관리 등)의 어려움
    ④ 학교시설(강의실, 식당, 화장실 등)의 이용 상의 어려움
    ⑤ 제반서류 신청, 발급 등 행정서비스의 어려움
    ⑥ 진로나 취업과 관련된 지원부족에 대한 어려움
    ⑦ 대인관계의 어려움
    ⑧ 생활(이동이나 거주지, 재정적 문제등)에 대한 어려움
    ⑨ 교수나 조교와의 교류에 있어 어려움
    ⑩ 동아리 활동이나 여가생활을 하는 데 있어 어려움
    ⑪ 기타(   )

14. 학업 이외에 생활면에서 장애학생과의 관계에서 어려움이 있다면 어느
    면입니까?(   )
    ① 동아리 활동　② 기숙사 생활　　　　③ 교내행사(체육대회, 축제 등)
    ④ 실습활동　　⑤ MT 및 교외 연수활동　⑥ 기타(   )

15. 장애학생 지원 부서에서 장애학생과 비장애학생들의 대학생활 적응 프로그램을
    마련한다면 가장 필요한 영역은 무엇입니까? (   )
    ① 대인관계 향상 프로그램　　② 학습방법 향상 프로그램

③ 봉사활동 지원 프로그램   ④ 장애의 이해와 적응 향상 프로그램
⑤ 기타 (   )

16. 귀하가 장애학생을 위해 해줄 수 있는 일이 있다면 적어 주십시오.
   ① __________   ② __________

17. 장애학생 지원 부서를 이용해 본 적이 있습니까? (예: 자원봉사, 활동보조원,
   수화통역 등) (   )
   ① 있다   ② 없다

18. 장애학생 지원 부서에서 장애학생과 비장애학생들의 대학생활 적응 프로그램을
   마련한다면 참가할 의사가 있습니까? (   )
   ① 있다   ② 없다

   18-1. 프로그램에 참가할 의사가 없다면 그 이유는 무엇입니까? __________

수고하셨습니다.

장애학생 지원방안에 대한 설문조사(교수용)

안녕하십니까? 평소 본교 장애학생들을 위해 노고를 아끼지 않으시는 교수님께 감사를 드립니다.

1995년 장애인 대학입학 특별전형제도가 시행된 지 10년이 넘었고, 본교에 재학 중인 장애대학생도 200여 명을 넘어섰습니다. 하지만 장애학생 지원환경은 아직까지도 많이 부족한 가운데 있습니다.

본 설문은 이런 현실을 개선하고 장애인의 대학진학, 학습지원 환경 등에 대한 바람직한 방안을 제시하기 위해 마련하였습니다. 그러므로 이 설문은 장애학생 지원 방안제시의 귀중한 자료가 될 것입니다. 각 문항에 대한 교수님의 솔직한 답변을 부탁드립니다.

아울러 설문 응답결과는 이 연구의 목적과 다른 용도로는 절대 사용하지 않을 것입니다. 교수님의 의견이 장애학생 교육지원 발전에 기여한다는 신념으로 성실하게 응답해 주시길 간곡히 부탁드립니다.

2005년 11월 15일
장애학생 지원체계 구축을 위한 기초연구팀

1. 성별: (남, 여)　　　　2. 나이: (　세)

3. 소속학부: (　학부 / 학과)　　　4. 경력(나사렛대학교): (　년)

다음 질문에 대한 교수님의 의견은 무엇입니까? 해당란 (　)안에 '√'해 주시기 바랍니다.

1. 교수님은 '장애인 대학입학 특별전형 제도'에 대해 어떻게 생각하십니까?
   (　)-① 현행대로 시행하는 것이 바람직하다.
   (　)-② 대상 폭을 넓힐 필요가 있다.
   (　)-③ 일반전형이 어려운 대상에게만 특별전형을 허용해야 한다.

(　　)-④ 학업능력은 갖추고 있으나 장애로 인해 불이익을 받는 학생들만 선
　　　　발하는 것이 바람직하다.
(　　)-⑤ 즉시 폐지하고 기존 선발방법을 개선하는 것이 바람직하다.
(　　)-⑥ 기타 의견 ________

2. 교수님은 장애인 가운데 발달장애인(주로 정신지체인, 정서장애인, 자폐성 장
　애인을 지칭)의 대학 진학요구에 대해 어떻게 생각하십니까?
(　　)-① 고등교육도 이젠 보편화, 대중화 되어 가고 있으므로 누구에게나 그
　　　　기회가 주어져야 한다.
(　　)-② 대학은 고등 지식 인력을 양성하는 학문의 전당이므로 기본적으로
　　　　학업능력을 갖춘 학생들만을 입학시켜야 한다.
(　　)-③ 교육은 인간의 기본 권리이므로 장애 유형이나 정도와 상관없이 희
　　　　망하는 자에게는 허용되어야 한다.
(　　)-④ 잘 모르겠다.
(　　)-⑤ 기타 의견 ________

3. 교수님은 대학에서 장애학생을 선발할 때 다음 중 어떤 원칙을 지녀야 한다고
　생각하십니까? <u>두 항목만</u> '√' 주시기 바랍니다.
(　　)-① 공정한 기회 제공
(　　)-② 장애로 인한 불리(不利)에 대한 보상(수화통역, 속기, 보상기자재
　　　　대여 등)
(　　)-③ 특별전형 대상의 엄격한 구분(일반전형으로도 가능한 장애인 제외)
(　　)-④ 추가서류, 추가방문, 추가시험, 추가 신체검진 요구 등 차별적 조치
　　　　금지
(　　)-⑤ 사전 견학과 상담 서비스를 통한 자기 선택 및 결정 지원
(　　)-⑥ 기타 의견 ________

4. 교수님은 대학에서 장애학생 지원을 위해 반드시 지켜야 할 원칙에는 어떤 것
　이 있다고 생각하십니까? <u>두 항목만</u> '√'해 주시기 바랍니다.
(　　)-① 동등한 교육권 보장
(　　)-② 학생으로의 동등한 처우

(   )-③ 학생으로서 완전한 참여 보장
(   )-④ 적극적인 학습 보상
(   )-⑤ 취업 및 진로 지도
(   )-⑥ 기타 의견 ________

5. 교수님은 대학에서 장애학생 교육을 위해 반드시 보장되어야 할 내용에는 어떤 것이 있다고 생각하십니까? <u>두 항목만</u> '√'해 주시기 바랍니다.
(   )-① 학습보상 지원
(   )-② 이동 및 접근 편의 지원
(   )-③ 상담 지원
(   )-④ 취로 진로 지도 지원
(   )-⑤ 튜터 혹은 멘토 지원
(   )-⑥ 대학생활 적응지원
(   )-⑦ 기타 의견 ________

6. 교수님은 장애학생의 교육지원환경을 개선하기 위해 어디에 중점을 두어야 한다고 생각하십니까? <u>두 항목만</u> '√'해 주시기 바랍니다.
(   )-① 교육과정의 탄력적 운영(대체강좌, 기초학력강좌 이수제 등)
(   )-② 교수들의 교수-학습 방법(강의, 평가, 보충학습, 수업기법 등)
(   )-③ 장애학생의 대학생활 만족도(장애학생 및 부모대상 심층면담, 설문 조사 등)
(   )-④ 대학 내 장애학생 지원관리 시스템(입학에서 졸업까지)
(   )-⑤ 장애학생 지원 인력 및 기자재 확보(수화통역사, 도우미, 노트북, 확대기 등)
(   )-⑥ 이동 및 접근 편의시설(캠퍼스 공간의 편의시설)
(   )-⑦ 장학금 등 경제적 지원
(   )-⑧ 기타 의견 ________

7. 교수님은 장애학생의 교수-학습 지원을 위해 다음 중 어떤 내용들이 필요하다고 생각하십니까? <u>두 항목만</u> '√'해 주시기 바랍니다.
(   )-① 강의실의 물리적 환경 개선(밝기, 책상 위치, 멀티미디어 기자재 설

비 등)

( )-② 교수의 강의기법 개선(사전자료 제공, 말의 빠르기, 분명한 말씨, 정
기적인 휴식, 피드백 등)

( )-③ 수화통역사, 속기사, 점역사, 대필자 등의 학습지원 인력

( )-④ 노트북, 확대 독서기, 한소네 등의 학습보상 기자재 대여

( )-⑤ 특별 보충강좌(전공기초, 도구교과, 교양강좌 등) 개설

( )-⑥ 개별학습, 과제물 수행(튜터 혹은 멘토) 지원

( )-⑦ 기타 의견 ________

8. 교수님이 장애학생들과 수업하시면서 느끼시는 어려운 점이 있습니까? 있다면
<u>두 항목만</u> '√'해 주시기 바랍니다.

( )-① 장애에 대한 이해 부족으로 인한 부담감

( )-② 학생의 돌발 행동으로 인한 수업 방해

( )-③ 과제나 수업 평가에 대한 어려움

( )-④ 장애학생 배려로 인한 수업 지연

( )-⑤ 교수에 필요한 기자재 부족

( )-⑥ 교수방법 다양성에 대한 부담

( )-⑦ 없다

( )-⑧ 기타 의견 ________

9. 현재 본교에서는 장애학생들의 성적평가 시 절대평가를 적용하고 있습니다. 교
수님은 본 제도를 유지해야 한다고 생각하십니까?

( )-① 장애유형과 장애정도를 고려하여 성적을 평가해야 하므로 절대평가를
유지해야 한다.

( )-② 굳이 절대평가를 해야 할 필요가 없다. 상대평가해도 괜찮다.

( )-③ 장애학생들이 노력이상의 성적을 요구하는 핑곗거리가 되므로 어떤 형
태로든 수정되어야 한다.

( )-④ 잘 모르겠다.

( )-⑤ 기타 의견 ________

10. 교수님이 장애학생들을 위해 가장 많이 시간을 투자하고 있는 일은 무엇입니까?
    (   )-① 영적 지원(기도, 말씀공부 등)
    (   )-② 장애에 대한 이해
    (   )-③ 장애학생을 배려한 교수방법 개선
    (   )-④ 장애학생들과의 의사소통방법 개발(예: 점자·수화 배우기)
    (   )-⑤ 생활 지원(장애학생 상담, 경제적 지원을 위한 장학금 소개 등)
    (   )-⑥ 별다른 조치 없음
    (   )-⑦ 기타 의견 _________

11. 교수님은 비장애학생이 장애학생과 통합교육을 받으면서 얻는 가장 큰 유익은
    무엇이라 생각하십니까?
    (   )-① 장애에 대한 이해 및 인식개선
    (   )-② 봉사 및 희생정신
    (   )-③ 폭넓은 교우관계
    (   )-④ 약자에 대한 보호 및 배려
    (   )-⑤ 장애에 대한 전문 지식
    (   )-⑥ 기타 의견 _________

12. 교수님은 장애학생들이 대학생활에 완전히 적응하여 통합될 수 있도록 하기 위
    해 대학이 어떤 조치를 취해야 한다고 생각하십니까? <u>두 항목만</u> '√'해 주시기
    바랍니다.
    (   )-① 신입생 통합 오리엔테이션
    (   )-② 학과별 멤버십 트레이닝
    (   )-③ 총학생회 주도의 장애이해 세미나
    (   )-④ 체육대회, 대학축제 어울림 프로그램
    (   )-⑤ 장애인 관련 동아리 주관 '장애인 주간' 행사
    (   )-⑥ 명사초청 특별 강연
    (   )-⑦ 부모교수 상담 강화
    (   )-⑧ 기타 의견 _________

13. 교수님의 전공학부에 취업이 전혀 불가능한 장애유형이 있습니까? <u>있다면 모두</u>
    '√'해 주시기 바랍니다.
    (   ) - ① 시각장애인
    (   ) - ② 청각장애인
    (   ) - ③ 지체부자유인
    (   ) - ④ 발달장애인(정신지체인, 정서장애인, 자폐성 장애인)
    (   ) - ⑤ 해당 없음
    (   ) - ⑥ 기타 의견 ________

14. 교수님은 장애학생들의 취업 및 진로 지도를 위해 어떤 조치들이 필요하다고
    생각하십니까? <u>두 항목만</u> '√'해 주시기 바랍니다.
    (   ) - ① 대학 내 취업정보센터에 전담 직원을 두어 장애학생을 등록하고 취
              업 관리한다.
    (   ) - ② 대학 내 장애학생 지원전담부서에서 별도의 취업 및 진로지도 업무
              를 관장한다.
    (   ) - ③ 장애학생의 취업 및 진로상담과 지도, 취업의 전 과정은 학과에서 직
              접 관리한다.
    (   ) - ④ 지역 내 장애인 취업관련기관들(고용촉진공단 등)과 연계하여 장애
              학생들이 자신과 관련된 취업정보에 언제든지 접근할 수 있게 한다.
    (   ) - ⑤ 장애학생 취업정보 전산시스템을 개발하여 전공이나 계열별로 구인
              및 구직 정보에서 취업 전 지도 자료에 이르기까지 다양한 정보를
              제공한다.
    (   ) - ⑥ 학기 중, 혹은 방학 중 장애학생 취업특강(컴퓨터 활용능력, 직업인
              의 에티켓, 취업준비요령 등)을 개최한다.
    (   ) - ⑦ 기타 의견 ________

대단히 감사합니다.

장애학생 지원방안에 대한 설문조사
(직원 / 조교용)

안녕하십니까?
　평소 본교 장애학생들을 위해 노고를 아끼지 않으시는 직원선생님과 조교선생님들께 감사를 드립니다.
　다음의 질문은 우리대학이 재활복지 부분의 특성화를 통하여 미래가 있는 대학으로 발전하기 위한 기초조사로서 직원 여러분들의 의견을 수렴하기 위한 것입니다.
　응답결과는 이 연구의 목적과 다른 용도로는 절대 사용하지 않을 것입니다. 개인에 대한 어떠한 판단도구로 활용되지 않습니다. 또한 외부에서 **좋은 평가를 받아야 하는 부담도 없습니다.**
　여러분들의 솔직하신 의견이 우리대학의 발전을 위한 밑거름이 된다고 생각하시고 바쁘고 귀찮으시더라도 성실히 응답해 주시면 감사하겠습니다.

2005년 11월 15일
나사렛대학교 장애학생 지원체계 구축을 위한 기초연구팀

*** 다음에 해당하는 사항에 √ 표 하여 주시기 바랍니다 ***

1. 귀하의 신분은 우리대학의 (① 직원, ② 조교)
2. 귀하의 근무경력은(① 1년 미만, ② 1년-3년, ③ 4년-8년 ④ 9년 이상)
3. 귀하는 우리대학 이외에서 장애인과 관련한 근무경험이 있습니까(① 있다, ② 없다)
4. 귀하는 장애관련 전공 출신이십니까? (① 그렇다 ② 아니다)

다음 페이지로 넘어가시면 됩니다.

아래 내용과 관련하여 주된 본인의 생각이나 느낌을 오른쪽에 해당하는 칸에 √표
해 주시기 바랍니다.

번호	내　　　용	매우 그렇다	그렇다	아니다	전혀 아니다
1	장애인 대학 특례입학이 장애인의 교육기회에 도움이 된다고 생각하십니까?				
2	장애인의 대학교육은 졸업 후 취업에 도움이 된다고 생각하십니까?				
3	장애를 이유로 장학금을 지원하는 것이 바람직하다고 생각하십니까?				
4	학업을 적절히 수행하지 못하는 장애인에게도 졸업장을 수여하는 것이 의미 있다고 생각하십니까?				
5	우리 대학 장애학생의 비율은 학교의 운영규모에 비하여 적절하다고 생각하십니까?				
6	우리 대학은 지체장애 학생들을 위하여 적극적으로 행정지원을 한다고 생각하십니까?				
7	우리 대학은 시각장애 학생들을 위하여 적극적으로 행정지원을 한다고 생각하십니까?				
8	우리 대학은 청각장애 학생들을 위하여 적극적으로 행정지원을 한다고 생각하십니까?				
9	우리 대학은 학습장애(특정학습장애) 학생들을 위하여 적극적으로 행정지원을 한다고 생각하십니까?				
10	우리대학 교수들은 장애학생의 교육을 위하여 노력한다고 생각하십니까?				
11	우리 대학의 장애관련 학과 교수들은 장애와 관련하여 충분한 전문성을 갖춘 분들이라고 생각하십니까?				
12	우리 대학의 법인은 장애인 교육에 적극적인 관심을 보인다고 생각하십니까?				
13	우리 대학이 장애인 고등교육으로 한국에서 가장 우수한 대학이 될 수 있다고 생각하십니까?				
14	우리 대학은 장애학생의 취업을 위하여 필요한 조건들을 잘 갖추고 있다고 생각하십니까?				
15	장애학생을 위하여 우리 대학에는 좀더 많은 전담 직원이 필요하다고 생각하십니까?				

번호	내 용	매우 그렇다	그렇다	아니다	전혀 아니다
16	우리 대학은 장애학생을 지원하는 데 필요한 기자재를 적절히 확보하여 활용하고 있다고 생각하십니까?				
17	우리 대학의 직원 가운데 장애인들이 좀더 많아야 한다고 생각하십니까?				
18	우리 대학은 장애학생의 지원을 위한 예산이 충분하다고 생각하십니까?				
19	우리 대학의 시설은 장애학생을 위하여 적절하다고 생각하십니까?				
20	장애학생들에게 서비스를 제공하면서 보람을 느끼십니까?				
21	장애학생 지원과 관련한 일들이 불공평하고 자신에게 부담으로 작용한다고 생각하십니까?				
22	장애학생의 행정지원과 관련하여 부처 간 혹은 직원 간 마음이 상한 적이 있습니까?				

※ 장애학생의 행정서비스 지원을 위하여 학교에서 연수를 받은 적이 있습니까? (   )
　① 있다　　② 없다
　▶ 있다면 횟수 (   ) 회

　연수내용 ______________________
　　　　　 ______________________
　　　　　 ______________________
　　　　　 ______________________
　　　　　 ______________________
　　　　　 ______________________

※ 우리 대학이 장애학생의 교육에서 선도적인 역할을 하기 위하여 우선시해야 한다고 생각하시는 것 3개를 순위별로 (   )에 1, 2, 3의 번호로 표시하여 주세요.

　① 부흥회, 채플, 기도회 등을 통한 영적도움 (   )
　② 장애학생 취업을 위한 총체적인 노력 (   )

③ 효과적인 장애학생 지원을 위한 행정조직 정비 (　　)
④ 교수들의 충실한 장애학생 지도 (　　)
⑤ 지역사회에서 좋은 이미지 만들기 (　　)
⑥ 관공서 등과 정책적인 협조 (　　)
⑦ 직원의 처우개선 (　　)
⑧ 적절한 외부 홍보(　　)
⑨ 교수-직원들 간의 원활한 협조 (　　)
⑩ 전담인력의 확보 (　　)
⑪ 장애인 이해에 대한 지속적인 연수 (　　)
⑫ 기타 의견 _________(　　)

대단히 감사합니다.

이준석(李俊錫)

경북대학교 문학박사(실험심리전공)
나사렛대학교 재활학부 인간재활학전공 교수(현)
공주대학교 특수교육연구소 전임연구교수(전)

정신지체인의 작업강도 수준에 따른 적합직업탐색(직업재활연구)
초등학생용 적응행동검사의 문항 타당성 검토(특수교육학연구)
외 다수 저서 및 논문

석말숙(石末淑)

이화여자대학교 문학박사(임상사회복지전공)
나사렛대학교 사회복지학부 교수(현)
천안시장애인종합복지관/일산종합사회복지관 운영위원(현)

장애학생의 진로결정과 대학생활적응에 관한 연구(특수교육저널)
사회봉사론(서현사)외 다수 저서 및 논문

유재연(柳在連)

단국대학교 교육학박사
나사렛대학교 특수교육과 교수(현)
California State University, LA 전환교육연구원(전)

한국전통아동교육의 특수교육 함의에 대한 연구(유아특수교육)
아이들은 손톱처럼 자란다(파라다이스 복지재단) 외 다수 저서 및 논문

육주혜(陸株惠)

미국 University of South Carolina 특수교육학 박사
나사렛대학교 재활학부 재활공학전공 교수(현)
한국장애인고용촉진공단 고용개발원 연구원(전)

정보기술분야에 장애인의 취업과 고용유지에 관한 탐색적 연구(특수교육재활과학
연구)
특수교육과 장애인복지의 이해(양서원)
외 다수 저서 및 논문

조재훈(曺在勳)

한국체육대학교 대학원 특수체육학 박사
나사렛대학교 재활학부 인간재활학전공 교수(현)
한국장애인행동과학회 사무총장 및 편집위원(현)

지체장애인의 신체활동 참여가 자립생활에 미치는 효과(한국사회체육학회지)
장애인 생활체육 참여 실태와 활성화 방안(한국사회체육학회지)
외 다수 저서 및 논문

장애학생의 고등교육지원에 대한 대학구성원의 인식

• 초판 인쇄	2007년 3월 2일
• 초판 발행	2007년 3월 2일
• 지 은 이	이준석, 석말숙, 유재연, 육주혜, 조재훈
• 펴 낸 이	채종준
• 펴 낸 곳	한국학술정보㈜
	경기도 파주시 교하읍 문발리 526-2
	파주출판문화정보산업단지
	전화 031) 908-3181(대표)·팩스 031) 908-3189
	홈페이지 http://www.kstudy.com
	e-mail(출판사업팀사업부) publish@kstudy.com
• 등 록	제일산-115호(2000. 6. 19)
• 가 격	21,000원

ISBN   978-89-534-6519-0 93330 (Paper Book)
        978-89-534-6520-6 98330 (e-Book)